40 hábitos para peques altamente sensibles

Débora Rodrigo Ruiz
Rosario Jiménez Echenique

40 hábitos para peques altamente sensibles

*Cómo identificar a un NAS y poner
en marcha una crianza consciente*

Editorial OB STARE

Puede consultar nuestro catálogo en www.obstare.com

Los editores no han comprobado la eficacia ni el resultado de las recetas, productos, fórmulas técnicas, ejercicios o similares contenidos en este libro. Instan a los lectores a consultar al médico o especialista de la salud ante cualquier duda que surja. No asumen, por lo tanto, responsabilidad alguna en cuanto a su utilización ni realizan asesoramiento al respecto.

40 HÁBITOS PARA PEQUES ALTAMENTE SENSIBLES
Débora Rodrigo Ruiz y Rosario Jiménez Echenique

1.ª edición: marzo de 2024

Corrección: *M.ª Jesús Rodríguez*
Maquetación: *Isabel Also*
Diseño de cubierta: *Enrique Iborra*

©2024, Débora Rodrigo Ruiz y Rosario Jiménez Echenique
(Reservados todos los derechos)
©2024, Editorial OB STARE, S. L. U.
(Reservados los derechos para la presente edición)

Edita: OB STARE, S. L. U.
www.obstare.com | obstare@obstare.com

ISBN: 978-84-18956-26-3
DL B 2161-2024

Impreso en los talleres gráficos de Romanyà/Valls S. A.
Verdaguer, 1 - 08786 Capellades - Barcelona

Printed in Spain

Dedicado a Pablo y Sira,
nuestros amados peques altamente sensibles.

Nota: En este libro utilizamos el término *NAS*, acrónimo que alude a *niño altamente sensible*, para referirnos tanto a niñas como a niños.

Introducción

La alta sensibilidad es un rasgo de personalidad neutro (no patológico) en el que destacan algunos de sus aspectos positivos y su gran potencial. Sin embargo, muchos niños la sufren a diario por desconocer cómo hacer frente a sus diferencias y cómo navegar en un mundo en el que son una minoría. En muchas ocasiones, se sienten incomprendidos y experimentan diversas molestias. En este libro, presentamos cómo potenciar las luces y enfrentar las sombras de la alta sensibilidad en NAS (niños altamente sensibles) de entre 6 y 12 años.

Comenzaremos haciendo un recorrido por la alta sensibilidad y sus implicaciones, mostrando la forma de identificar el rasgo en los más pequeños. A continuación, presentaremos una serie de pautas muy concretas para poder ayudar a los NAS a convivir con este rasgo: se trata de enseñarles a reducir el impacto de las molestias en su día a día e incrementar el potencial de las ventajas que hacen de ellos personas diferentes en positivo. Nosotras, como PAS (personas altamente sensibles) que somos, lo hemos experimentado en numerosas ocasiones.

Finalmente, cerraremos con un total de 40 hábitos de crianza desde nuestra perspectiva de madres de peques altamente sensibles y nuestra experiencia profesional, Débora como investigadora y psicopedagoga experta en educación y desarrollo infantil y Rosario como divulgadora y *coach* profesional especializada en el rasgo. Interiorizar estos hábitos en edades tempranas ayudará a los niños a crecer desarrollando al máximo su potencial y convertirse en adultos que entienden sus individualidades y sacan el máximo partido de ellas.

Este libro es una guía para que puedas encontrar tu propio camino como mamá, papá, educador o adulto al cargo de un NAS. En las siguientes páginas, podrás observar que existen unas características comunes a este tipo de peques, aunque también es cierto que cada uno es único. Ello se debe a que cada peque nace en una familia, con un estilo de crianza particular; se educa en un colegio determinado; vive en una ciudad, pueblo o barrio, y no en otro; es ciudadano de un país, con una cultura y costumbres propias. Tú también eres una persona única y tienes tu propio estilo educativo. Por eso, te proponemos que realices una lectura reflexiva de las páginas que tienes a continuación, pensando en la aplicación práctica, adaptada a tu situación personal y las necesidades específicas de tu NAS.

Es probable que haya partes del libro que te aporten y otras en las que no veas reflejado a tu peque. Es normal, y por ello te animamos a que rescates lo que te resulte valioso (aunque estamos convencidas de que será mucho).

Así que te proponemos que, mientras lees este libro, analices la realidad de tu crianza, tal cual es, con honestidad. Estamos seguras de que te pasará como a nosotras y que encontrarás en ella puntos fuertes y áreas de mejora. Esto se debe a que ni tú ni nosotras somos infalibles. Ser padre, madre o educador es una tarea demasiado compleja como para exigir la perfección, que además es relativa y está sujeta a valores e interpretaciones sobre el desempeño ideal de la crianza.

Cada etapa en la vida de los NAS tiene sus propios desafíos. La labor educativa implica un aprendizaje continuo de nuestra parte. En este sentido, nos gustaría que este ensayo te ayudara a realizar cambios que consideres necesarios en tu crianza, mediante la comprensión del rasgo y la creación de hábitos.

Son tiempos difíciles para la familia: vivimos sobreactivados y con poco tiempo libre. La conciliación de la vida laboral y familiar es un gran desafío. Lo sabemos porque las dos lo enfrentamos a diario. Por eso, hemos querido que este sea un libro breve, con un enfoque muy práctico, que se pueda leer en el transporte público o en una sala de espera. Además, no es necesario leerlo de corrido, sino que puedes leer fragmentos e ir reflexionando y aplicando algunos de los contenidos que sean de ayuda para ti y tu familia.

Para nosotras, escribir este libro ha supuesto un viaje que nos ha permitido abrazar a nuestra *niña interior*. Nos ha aportado una comprensión más profunda de nuestra propia infancia como NAS, cuando aún no sabíamos que lo éramos, ni tampoco nadie a nuestro alrededor. Con *las gafas* de este nuevo conocimiento sobre el rasgo, hemos podido reinterpretar algunas de nuestras vivencias pasadas, que ahora cobran un nuevo sentido.

Esta experiencia de escritura conjunta también nos ha ayudado a crecer como madres de NAS, gracias a las numerosas lecturas realizadas. También ha sido muy nutritivo nuestro trabajo en equipo, en el que hemos podido compartir un sinfín de reflexiones, durante el intenso proceso creativo que ha supuesto.

Si lo piensas bien, en otros ámbitos de nuestra vida, como puede ser el laboral, somos reemplazables y en muchas ocasiones, aunque nos cueste aceptarlo, hay otros mejores que nosotros. Pero como padres y madres, somos realmente insustituibles y el lugar que ocupamos en los corazones de nuestros peques es para siempre nuestro. ¡Nuestra labor educativa es muy trascendente y dejará huella en sus vidas hasta que partan de este mundo!

De modo que, al igual que en otros ámbitos como el profesional buscamos mejorar y ser capaces de responder a nuevas necesidades, es incluso más relevante realizar este tipo de esfuerzos en el ámbito de la crianza. A veces da la impresión de que en esta sociedad las tareas por las que no cobramos un salario no tienen mucha importancia. Lo que se monetiza es siempre lo prioritario. Pero, según una escala de valores más humana y menos materialista, esto no es así. Por ello, te felicitamos por tener este libro en las manos, por estar dispuesto a sumergirte en sus páginas. Al dedicar tiempo, sin prisas, tanto a la lectura como a la creación de los hábitos que elijas, esperamos que tu relación con tu NAS se enriquezca. Y es que, tal y como nos recuerda el filósofo León Battista Alberti, «el mejor legado de un padre o una madre a sus hijos es un poco de su tiempo cada día». ¡Que disfrutes del viaje hacia una crianza consciente de tu peque altamente sensible!

PRIMERA PARTE

1

Mamás de Sira y Pablo, nuestros hijos altamente sensibles

Testimonio de Débora. Un regalo diferente

Nací como madre cuando di a luz a Sira. Entonces, se abrió ante mí un mundo totalmente desconocido hasta el momento. Como es habitual en mí, en ese afán perfeccionista que me caracteriza como PAS, había leído numerosos libros y artículos para estar lo más preparada posible. Nada que pudiera acercarme lo suficiente a la realidad de la maternidad. Tuve que darme de bruces con ella y aprender a partir de la experiencia, como cualquier otra madre recién nacida.

Pronto me di cuenta de que muchas de las cosas que había leído y aprendido sobre mi bebé antes de su llegada, en realidad, no se adecuaban a ella. Me di cuenta de que los consejos de otras madres no siempre ayudaban en mi caso. Entonces comencé a observarla con ojos diferentes. Entendiendo su particularidad. Abrazando sus diferencias. Era una niña totalmente normal, pero era a la vez diferente a todos los demás.

Desde muy pequeñita, Sira tenía una habilidad especial para expresarse a través de formas y colores. Siempre tuvo facilidad para entender conceptos y abstracciones que, según los libros, no correspondían a su edad. Siempre tenía preguntas avanzadas, ideas más elaboradas de lo que debía. Me enorgullecía a mí misma pensando que algo estaría haciendo bien cuando conseguía que mi hija viera cosas que otros niños de su edad no podían aún ver, identificar detalles y conocimientos totalmente ajenos para otros. Ingenua de mí, en realidad, era poco lo que yo estaba aportando, todo eso estaba dentro de ella, un potencial que ya se estaba desarrollando y que yo descubriría algún tiempo después.

Pero había otra cara en esa misma moneda. Mi hija se asustaba mientras los demás niños cogían caramelos en la cabalgata de reyes. Se paralizaba mientras otros corrían y se divertían en el parque. Era incapaz de asistir a un teatro de marionetas sin sentir un pavor constante de que en cualquier momento algo terrible ocurriría. Lo que se suponía que debía ser divertido, era para ella una auténtica tortura y un suplicio.

Lo entendí muy bien cuando cumplió siete años. Yo ya sabía del rasgo en mí, y lo sospechaba en ella. Decidí, junto a mi familia, hacer una fiesta sorpresa de cumpleaños. ¡Sería la mejor fiesta de cumpleaños de la historia! Alguien la llevaría fuera un rato mientras decorábamos toda la casa con cortinas de colores y unicornios por todas partes. Teníamos la mejor tarta que Sira hubiera visto en sus siete años de existencia. Habíamos organizado un programa completo con algunas de sus cosas favoritas: juegos, una búsqueda de tesoro siguiendo unas pistas entregadas directamente por su personaje de cuentos favorito, regalos, un escenario para hacerse fotos con una cortina de colores que caía desde el techo. Estaba impaciente por ver la reacción de Sira al llegar a una casa repleta de familiares gritando «¡sorpresaaaaa!» entre un mar de decoraciones de flores gigantes y arcoíris. El momento llegó, en efecto, pero no fue, ni mucho menos, lo que hubiéramos imaginado. Sira se sorprendió con nuestra fiesta, de eso no me cabe ninguna duda; desde el momento en el que descubrió lo que habíamos organizado, su expresión se volvió hierática y, durante las siguientes horas, parecía moverse como en una especie de embotamiento sin apenas emitir palabra. Sira participó en los juegos que habíamos organizado, resolvió las pistas de la búsqueda de tesoro (con necesidad de más ayuda de la que hubiera anticipado), abrió los regalos y se llenó la boca de dulces de todos los colores. Pero no lo hizo como esa niña risueña y sonriente que todos habíamos imaginado. Hasta el final de la fiesta no la vimos jugar libremente con los primos corriendo a través de la cortina de colores. Ella misma me lo explicó después: «Mamá, era la mejor fiesta del mundo, pero tenías que habérmelo dicho antes. Si hubiera estado preparada, la habría disfrutado muchísimo».

Era cierto. Y probablemente debería haberlo sabido. Sira me había estado mostrando cada día durante siete años que era una niña con una sensibilidad mucho mayor que la de la mayoría de los niños. Me había dado cientos de evidencias de su manera particular de procesar la información a través de preguntas trascendentes sobre lo que ocurría en su vida y en la de quienes la rodeaban. ¿Acaso no recordaba ya las profundas conversaciones que habíamos tenido durante años cada noche justo antes de acostarse? Ella me había mostrado insistentemente la intensidad de su mundo emocional y su enorme capacidad empática. No es para menos que, todavía a día de hoy, Sira no entienda el disfrute de ver películas en las que cualquier cosa terrible puede pasarles a personajes con los que el cineasta nos ha hecho conectar como si fuéramos nosotros mismos y que, sin más, pretende que observemos desde la comodidad de nuestro sofá, acurrucados bajo nuestra manta favorita, totalmente impasibles, como meros espectadores, sin poder hacer nada al respecto y viendo cómo, de repente, todo se viene abajo en las vidas de los protagonistas. Me había enseñado cómo el exceso de información era capaz de sobreestimularla hasta la parálisis. Una sala llena de desconocidos y exuberantemente decorada en una casa ajena podría ser más estimulante que una tarta de chocolate con Coca-Cola antes de irse a dormir. Me había mostrado tantas veces cómo sus sentidos eran mucho más sensibles que los de otros. Sólo tengo que pensar en la gran molestia que le suponía el pañal cuando era un bebé, las costuras en su ropa, determinados tipos de prendas, olores y sonidos intensos (¿acaso alguien más se tapa la nariz al caminar junto a un contenedor de basura por la calle?), gotitas de lluvia en su ropa o aquella vez que, visitando las cataratas del Niágara, mientras todos disfrutábamos de las refrescantes gotas que caían sobre nuestra cara desde aquella imponente altura, Sira, con apenas dos años, gritaba a todo pulmón «mojado, mojado, mojado», al sentir que sus pantalones se impregnaban de la humedad del ambiente.

Estas son precisamente las características principales que los investigadores han identificado en las PAS. Es fácil identificarlas cuando las conocemos, pero ¡qué perdidos nos sentimos cuando las ignoramos! La alta sensibilidad ha resultado en Sira un regalo precioso que hace de ella una niña especial y muy valiosa. Hoy doy gracias por su sensibilidad especial, aunque en muchas ocasiones ha supuesto un reto difícil de afrontar para el que no encontrábamos los recursos necesarios. Ojalá que nuestra experiencia pueda ser una luz en la tuya.

Testimonio de Rosario. Un antes y un después

Descubrí que soy altamente sensible gracias a un anuncio en una red social y lo sentí como un gran alivio. A medida que investigaba sobre el rasgo, me iba conociendo y comprendiendo mucho mejor a mí misma. Todo lo que leía sobre el tema me resultaba muy revelador. Al ir profundizando, podía interpretar mis dificultades y talentos desde una nueva perspectiva. Un tiempo más tarde comencé a interesarme sobre la infancia altamente sensible, y me enteré de que el rasgo tiene un componente genético y otro ambiental a partes iguales. Fue entonces cuando me pregunté: ¿será mi hijo Pablo altamente sensible como yo? Tras realizar el test y analizar los cuatro pilares básicos del rasgo en él, lo tuve claro. Mi hijo era un NAS.

Aun cuando pude leer bastante en esa época (ya fuera en publicaciones impresas o en medios online), me di cuenta de que era un rasgo poco conocido y, en muchas ocasiones, mal entendido. Una de las confusiones terminológicas tiene que ver con usar como sinónimos los términos *sensibilidad y susceptibilidad*. En palabras del artista altamente sensible Chema Vilches, «la sensibilidad es la *piel del alma* y la susceptibilidad es la *piel del ego*». Para profundizar en esta diferencia clave, es útil acudir al diccionario. Allí leemos que la sensibilidad es la capacidad natural de las personas de emocionarse ante la belleza y los valores estéticos o ante sentimientos como el amor, la ternura o la compasión. Al alma se le atribuye la capacidad de sentir y pensar; se trata de nuestra parte inmaterial. Sin embargo, una persona susceptible es aquella a la que todo le molesta, frustra o duele. Esta susceptibilidad suele ir de la mano de la inseguridad psicológica y una deficiente gestión emocional.

Según afirma Amagoia Eizaguirre[1] en su obra *El pequeño libro de los hábitos saludables*, el ego es la imagen que proyectamos de nosotros

---

1. Eizaguirre, A. (2022). *El pequeño libro de los hábitos saludables*. Barcelona: Alienta.

mismos. Se trata de una máscara que nos genera sufrimiento porque nos aleja de nuestra esencia. Aparece para tapar las debilidades y protegernos de lo que percibimos como posibles amenazas. El ego nos convierte en personas desconfiadas y competitivas. Y aunque no podemos eliminarlo, sí podemos aprender a gestionarlo. Algunos de los consejos prácticos que da esta autora para hacerlo son: no quieras tener siempre la razón, asume la responsabilidad de tu vida, deja de querer ser siempre el número uno y conócete y conecta contigo.

Qué diferencia tan grande hay entre ser sensible y ser susceptible, ¿verdad? Es importante entender que *sensibilidad* y *susceptibilidad* no son sinónimos. Cualquier persona puede ser susceptible, independientemente de su grado de sensibilidad. Conozco a muchas PAS que no son susceptibles, sino que rezuman fortaleza y humildad por todos sus poros. Una vez más, al escuchar esta distinción me hice la pregunta clave que todo progenitor se plantea y que guía su forma de educar: ¿cómo me gustaría que fuera mi hijo de adulto, sabiendo que es altamente sensible? Me gustaría que se convirtiera en un hombre feliz, que sepa gestionar su sensibilidad, que aporte en un mundo cada día más deshumanizado, mediante su forma de ser y su profesión, que, aunque sea diferente, pueda sentirse parte de algunos grupos sin sufrir el ostracismo ni el aislamiento, rodeándose de personas enriquecedoras.

Así, con estos anhelos en la mente y en el corazón, me dispuse, junto a mi marido y al resto de mi familia, a educar a Pablo a la luz del nuevo descubrimiento de nuestro rasgo común. Echando la vista atrás, reconozco que el hecho de saber que los dos éramos PAS estableció una conexión especial y reforzó nuestro vínculo aún más. Conforme avanzaba en mi propio proceso de crecimiento personal, iba también comprendiendo a mi hijo mucho mejor. Este proceso no ha acabado. Sigue y seguirá en curso hasta que parta de este mundo, pero el tener una serie de cuestiones claras sobre el rasgo nos ha ayudado mucho estos últimos años a nivel familiar.

Han sido muchos los aprendizajes durante este intenso período de profundización en el rasgo, y en él han resultado claves: la lectura, el *coaching*, la inteligencia emocional, la programación neurolingüística y la relación con otras PAS. Una vez que descubres que tu peque es altamente sensible, hay cuatro grandes ingredientes de la crianza de este tipo de niños: el acompañamiento especializado, el amor incondicional, el humor y los hábitos de autocuidado.

Desde que soy mamá-*coach* entiendo la crianza como un proceso de acompañamiento a lo largo de la vida de mi hijo. Ahora que conozco el rasgo de la alta sensibilidad, puedo comprender mejor qué hay detrás de su comportamiento. Y desde esa mayor comprensión, apoyarle mediante preguntas abiertas que le ayuden a reflexionar a raíz de sus experiencias, tanto agradables como desafiantes.

Para poder dedicarme a esta nueva pasión que es para mí la alta sensibilidad, he tenido que realizar algunas renuncias, entre ellas la solicitud de una excedencia voluntaria de mi trabajo de toda la vida. Hoy miro atrás y pienso que estos cinco años de tantos cambios han merecido la pena, tanto a nivel personal como familiar. No se educa igual a un niño que es altamente sensible que a otro que no lo es, si lo quieres hacer bien. Esa es la realidad. También es real el hecho de que todo objetivo relevante implica un esfuerzo.

Recuerdo que uno de los momentos en los que conecté con la importancia de mi rol de madre fue en la celebración de mi cumpleaños, antes de descubrir la alta sensibilidad. Pablo me había hecho una tarjeta de felicitación que aún conservo y que dice así: «La vida no viene con un manual de instrucciones, viene con una linda mamá. Tengo una madre que vale un diamante». La tarjeta me emocionó y me hizo reflexionar. Haciendo un ejercicio de honestidad, en ese momento pensé que yo era un diamante en bruto como madre.

Por aquel entonces tenía un autoconocimiento muy pobre, no sabía que Pablo y yo éramos altamente sensibles, y estaba bastante perdida sin ser consciente de ello. Mi potente intuición me decía que había un amplio margen de mejora en mi forma de vivir y de criar. Poco a poco, fui dando pasos desde esa incompetencia inconsciente a la incompetencia consciente como madre. A partir de ahí, y haciendo grandes ejercicios de humildad en contra de mi ego, fui accediendo, pasito a pasito, a cierta competencia consciente en algunas áreas, para pasar a una competencia inconsciente gracias a la creación de hábitos de autocuidado, para luego transmitírselos a Pablo.

Otro de los momentos que me impulsó en mi objetivo de ofrecer a mi hijo un acompañamiento especializado como madre fue cuando leí el siguiente párrafo en el libro titulado *Niños con alta sensibilidad*, de Karina Zegers, a la que reconozco como referente: «Son varias las investigaciones que han hecho visible que las PAS que han tenido una infancia complicada o traumática tienden a sufrir depresiones o ansiedad a medida que van creciendo, que sufren incluso más que las no PAS, mientras que las PAS que han sido educadas con mucho cariño, amor y comprensión llegan a ser tan felices, o más, que niños que no comparten el rasgo».[2] Al enfrentarme a la posibilidad de que mi hijo llegue a sufrir depresión o ansiedad en un futuro, pensé que haría lo que estuviera en mi mano para prevenirlo. Pero este párrafo nos lleva también de la mano al segundo gran ingrediente de la crianza del NAS: el amor incondicional. Un tipo de amor que hace de nosotros como progenitores un puerto seguro para ellos, cometan el fallo que cometan. No hay nada más poderoso para un NAS que ser amado de esta forma, ni nada más importante que pueda recibir de nuestra parte.

El tercer ingrediente que destaco de mi experiencia como madre durante estos once años viene de la mano de Luis, mi marido y padre de Pablo. Él aporta mucho en el día a día, pero si tuviera que escoger el ingrediente más destacado es, sin dudarlo, el humor. Probablemente, ya sabrás que la risa tiene múltiples beneficios para la salud física y mental: entre otros, fortalece el sistema inmunológico, alivia el dolor, calma la tensión, ayuda a tener una actitud positiva y mejora el estado de ánimo. De hecho, existe la denominada risoterapia, que es la aplicación de un conjunto de técnicas para liberar tensiones a través de la risa. A los peques les encanta reír, y los adultos también lo necesitamos mucho. El humor es una herramienta útil en nuestro día a día como familia en múltiples situaciones. Por ejemplo, viene muy bien para combatir el dramatismo en el que a veces caemos las PAS por vivir intensamente las emociones desagradables. Ya sabes, esos momentos en los que parecemos protagonistas de un *culebrón* latinoamericano. Es bueno recordar que a veces lo que sentimos no es real, que las emociones van y vienen. Usar la ironía corta el drama, algo que hace muy bien

---

2. Zegers de Beijl, K. Z. (2019). *Niños con alta sensibilidad: Cómo entenderlos y ayudarlos a transformar sus diferencias en fortaleza*s. La Esfera de los Libros. pág. 16.

mi marido. Al principio Pablo preguntaba: «Es ironía, ¿verdad?». Ahora ya no lo pregunta, y él también hace bromas.

El humor nos ayuda asimismo a no andar siempre preocupados y a disfrutar más de la crianza. Al fin y al cabo, muchas de las cosas que tememos como padres nunca ocurrirán y, si lo hacen, ya cruzaremos *ese puente*. Así que si algo he aprendido estos años y te puedo recomendar es que, si eres una mamá o papá altamente sensible, puedas reírte de vez en cuando de ti, no de forma negativa, sino como una autocorrección que aligere las interpretaciones dramáticas de las situaciones del día a día. En casa también nos reímos viendo juntos películas cómicas, programas y *sketches* de humor. ¿Conoces las obras de magia y humor para niños que ofrecen en teatros con programación para toda la familia? Son muy divertidas y sorprendentes.

Por último, dentro de este testimonio inicial, me gustaría comentar contigo la forma en la que los hábitos de autocuidado ayudan en el día a día, empezando por mi propia vida, para pasar luego también a convertirse en hábitos de crianza consciente. Hubo un tiempo en el que vivía con mucho estrés y llegué a una desagradable situación de *burnout*. Este síndrome de desgaste profesional fue consecuencia de varios factores, entre ellos la falta de autocuidado y el activismo excesivo. Por aquel entonces, no sabía que era una PAS y me sobreexigía demasiado. Vivía mucho en la esfera pública, y menos de lo necesario en la privada de mi hogar. Una vez superada la peor racha, conviví durante mucho tiempo con un incómodo temor a que me volviera a pasar. Hoy, ese temor ya no existe en mí gracias a haber desarrollado unos hábitos de autocuidado. El autocuidado es la suma de acciones para equilibrar nuestras vidas. No es un acto egoísta, ya que nos permite estar bien y, de este modo, poder ayudar a otras personas.

No sé si a ti te pasa, pero habitualmente me observo a mí misma en actitudes de sobreprotección inconscientes hacia mi NAS. En estos años, he llegado a la conclusión de que enseñar a mi hijo a atender sus propias necesidades es la mejor manera de protegerlo de forma saludable. Así, llegará el momento en que pueda cuidar de sí mismo y convertirse en un joven desenvuelto que vive de forma equilibrada, porque ha desarrollado hábitos de autocuidado.

Cuando echo la vista atrás, me doy cuenta de que los hábitos nos han facilitado mucho la vida, aportándonos una hoja de ruta ante algunos desafíos que sólo había que seguir de manera inconsciente una vez construidos, sin apenas pensar. El ejemplo más gráfico que se me ocurre en nuestro caso ha sido el hábito del autocuidado emocional relacionado con el control de las rabietas en torno a los terribles dos años. Ahora que conozco más el rasgo, puedo darme cuenta de que, en el caso de los NAS, lo que hay detrás de una rabieta es un sistema nervioso saturado, además de la petición no concedida en cada caso.

Siempre tuve claro que, si las rabietas le servían a mi hijo como medio para obtener lo que quería, se perpetuarían en el tiempo. Así que cuando se ponía en modo rabieta le decía: «Así, no Pablo», y permanecía a su lado mientras tenía la patalera. Ejercía una presencia silenciosa que le hacía saber que yo estaba allí mientras se agitaba y que no estaba solo durante ese mal trago en el que había perdido el control de su cuerpo. Cuando iba calmándose por cansancio, se acercaba a mí y me decía: «Mamá, si me das un besito y un abrazo se me pasa», y yo le sostenía a nivel físico y emocional (con un gran abrazo que le ayudaba a calmar el cuerpo agitado). De esta forma, él volvía poco a poco a la calma y yo con él, ya que evidentemente me afectaba tanta intensidad emocional. Él no conseguía con la rabieta lo que había pedido, no se volvía a hablar del tema e intentaba que estuviera tranquilo hasta la hora de acostarse para ayudarle a recuperar al equilibrio. Gracias a este hábito, la etapa de rabietas fue relativamente corta y, mientras duró, sabíamos qué hacer, lo que nos ayudaba a vivirlas con una mayor calma interna.

Como conclusión, lo que hemos aprendido en mi familia es que, si bien es cierto que este tipo de hábitos de autocuidado son útiles para cualquier peque, para los NAS lo son más. Esto es debido a que se saturan antes que el resto, entre otros motivos que irás descubriendo a lo largo del libro.

Además, es importante darse cuenta de que en la cultura occidental actual vivimos a un ritmo de vida frenético, especialmente en las zonas urbanas. Por ello, nace una nueva filosofía que nos anima a quedarnos en casa (el nido) de vez en cuando: *el nesting*. Esta idea proviene de países del norte de Europa, en los que se suele disfrutar más del hogar sin necesidad de estar saliendo constantemente a realizar diferentes actividades. De esta forma, damos la opción de que el cuerpo y la mente puedan descansar.

El *nesting* es un aliado de la crianza consciente que te proponemos en este libro, ya que la creación de muchos hábitos se realiza en el hogar y *se cocinan* a base de dedicación y repetición, hasta que los tenemos automatizados. Así que, como última conclusión en este apartado, te animamos a que puedas invertir tiempo en la creación de hábitos de autocuidado en tu casa. Haciendo esto te aseguro que verás los frutos en el bienestar de toda la familia.

2

Peques altamente sensibles

Definición de la alta sensibilidad

Como te mencionábamos, este libro tiene un enfoque muy práctico. Así que no nos detendremos demasiado en exponer conceptos teóricos sobre la alta sensibilidad. Sin embargo, y para que puedas comprender de qué estamos hablando e identificar si realmente tu peque es altamente sensible, te ofrecemos someramente algunos datos importantes. Si te interesa profundizar más, puedes leer a los autores que mencionamos.

Podríamos definir brevemente la alta sensibilidad como un rasgo de personalidad caracterizado por un sistema neurosensorial más desarrollado. Es decir, las personas altamente sensibles se ven más afectadas por lo que experimentan en diferentes ámbitos de su vida. No se trata de un rasgo de personalidad patológico, pero sí debes saber que posee luces y sombras: trae consigo talentos llamados a ser potenciados, así como desafíos a gestionar. La investigación muestra que los genes explican hasta el 50 % de las diferencias de sensibilidad entre las personas. Por este motivo, es habitual que, en una familia en la que alguno de los progenitores es PAS, alguno de los hijos sea un NAS.

PAS es el acrónimo de *persona altamente sensible* (HSP en inglés; *highly sensitive person*), término acuñado en los años noventa por Elaine N. Aron, una doctora en psicología estadounidense. Si lees bibliografía al respecto, también puedes encontrar las siglas SPS, que significan *sensibilidad en el procesamiento sensorial* y que hacen referencia al grupo de rasgos neuropsicológicos descubiertos por la citada autora y su esposo, el también psicólogo Arthur Aron.[1] Para la infancia, suele utilizarse el término NAS, acrónimo en este caso de *niño altamente sensible*.

Entre otros investigadores de referencia que han realizado aportaciones significativas a este campo de estudio, destaca la neurocientífica Bianca Acevedo. En 2014, Acevedo, junto a otros investigadores, realizó un estudio con la técnica de resonancia magnética funcional, donde demostró que el funcionamiento del cerebro de una PAS es distinto al de una persona con grado de sensibilidad medio o bajo.[2] Concretamente, observó más actividad en las neuronas espejo y en la amígdala, que están relacionadas con la empatía y las emociones. Esto provoca que sean personas que reaccionan con mayor intensidad y rapidez ante diversos estímulos. En el documental titulado *Sensibilidad al trasluz,* emitido en La2 de TVE,[3] se hace referencia a este estudio comparativo y se exponen otros datos de interés sobre el rasgo tanto en adultos como en niños. Este documental fue muy importante para dar a conocer el rasgo en el mundo hispanohablante, ya que una gran parte de la divulgación hasta la fecha había sido exclusivamente en inglés.

Otros investigadores de referencia son el doctor Michael Pluess y la doctora Francesca Lionetti. Ambos ofrecen respuesta a la inteligente pregunta de Pablo a los pocos meses de conocer que era altamente sensible: «Mamá, si tú y yo somos altamente sensibles, ¿papá qué es?, ¿pre-sensible?». Según estos investigadores, se puede dividir a la población en tres grandes grupos: personas con sensibilidad alta, media y baja. Esta sensibilidad parece reflejar una distribución normal, una curva en forma de campana como es habitual en otros rasgos humanos, acumulándose en la parte central la mayor parte de la población. Para

1. Aron, E. N., & Aron, A. (1997). «Sensory-processing sensitivity and its relation to introversion and emotionality». *Journal of Personality and Social Psychology,* 73(2), 345.

2. Acevedo, B. P., Aron, E. N., Aron, A., Sangster, M. D., Collins, N., & Brown, L. L. (2014). «The highly sensitive brain: an fMRI study of sensory processing sensitivity and response to others' emotions». *Brain and Behavior,* 4(4), 580-594.

3. *Sensibilidad al trasluz* (26 febrero de 2015). Episodio 6 de la sexta temporada de la serie *Crónicas,* dirigida por Reyes Ramos. Puedes visualizar este episodio en www.rtve.es/play/videos/cronicas/sensibilidad-al-trasluz/3017002/

buscar subgrupos dentro de esta campana, Michael Pluess y Francesca Lionetti utilizaron una técnica de tratamiento estadístico llamado *análisis de clases latentes* aplicado a los instrumentos de evaluación de niños y adultos.

En un primer estudio realizado en el Reino Unido con una muestra compuesta por 3581 niños y jóvenes de entre 8 y 19 años, los investigadores encontraron una sensibilidad baja en un 25-35 % de los participantes, media en el 41-47 % y alta en el 20-35 % restante.[4] Posteriormente, al replicarse el estudio con un total de 906 adultos de Estados Unidos, los resultados fueron muy similares, con un 29 % de adultos con sensibilidad baja, un 40 % con sensibilidad media y un 31 % con sensibilidad alta.[5]

Estos investigadores forman parte de un equipo dedicado a compartir conocimientos basados en evidencias sobre el rasgo de la sensibilidad en sensitivityresearch.com. En sus recientes investigaciones, las personas del grupo altamente sensible han sido descritas como *orquídeas,* ya que requieren un cuidado óptimo, pero son particularmente hermosas cuando florecen. Los individuos del grupo de baja sensibilidad han sido comparados con los *dientes de león,* que tienden a ser robustos y crecen en cualquier parte. Los sujetos del 40 % correspondiente al grupo medio se han descrito como *tulipanes,* reflejando que son menos delicados que las *orquídeas* pero no tan robustos como los *dientes de león.* Como conclusión, y con los datos de los que disponemos a principios de este año 2023, podemos decir que la sensibilidad es un atributo que todas las personas tenemos en distinto grado.

4. Pluess, M., Assary, E., Lionetti, F., Lester, K. J., Krapohl, E., Aron, E. N., & Aron, A. (2017). «Environmental sensitivity in children: Development of the Highly Sensitive Child Scale and identification of sensitivity groups». *Developmental psychology*, 54(1), 51.

5. Lionetti, F., Aron, A., Aron, E. N., Burns, G. L., Jagiellowicz, J., & Pluess, M. (2018). «Dandelions, tulips and orchids: Evidence for the existence of low-sensitive, medium-sensitive and high-sensitive individuals». *Translational Psychiatry*, 8(1), 1-11.

Cómo saber si mi peque es altamente sensible

Al escuchar testimonios de PAS en cursos, círculos de lecturas o encuentros, nos damos cuenta de que es común tener resistencias iniciales a la hora de investigar y evaluar abiertamente si se es PAS o no. Algo muy similar ocurre con la valoración del rasgo en la infancia. Entendemos que detrás de este recelo existen diversos factores, como pueden ser el temor a lo desconocido, la dificultad de la gestión consciente de la diferencia a nivel social o la asociación terminológica entre sensible y débil, algo que especialmente bloquea a los varones por las expectativas culturales.

Nosotras mismas nos enfrentamos a estas cuestiones en nuestro proceso de búsqueda y de autoconocimiento a nivel personal y como madres. Aquí compartimos contigo cómo lo vivimos por si puede ayudarte. Mirando atrás nos damos cuenta de que nuestra curiosidad y nuestra necesidad de obtener respuestas fueron grandes motores para este hallazgo. En ese camino, hubo pensamientos que nos propulsaron, como el de que «en ocasiones, aquello que más temes, es lo que más necesitas»; un pensamiento que motiva a trascender ese temor a lo desconocido. En cuanto a la gestión de la diferencia, ya otros aspectos de la vida la habían entrenado en nosotras. Ya habíamos aprendido a ejercer nuestro derecho asertivo a tomar nuestras propias decisiones libremente, dejando atrás condicionamientos culturales. Sabernos altamente sensibles no sólo no nos fue incómodo, sino que también nos aportó una comprensión más profunda de decisiones anteriormente tomadas, elecciones que nos hacían transitar por rutas alternativas a las de la mayoría de la gente en asuntos transcendentales, la crianza de nuestros NAS entre ellos.

En cuanto a la asociación entre sensible y débil, es curioso, pero, por lo común, las personas más fuertes que conocemos son altamente sensibles. Esto es algo que hemos descubierto recientemente y que nos confirma que las PAS podemos ser personas muy resilientes, capaces de salir reforzadas de las dificultades. Al ser reflexivas en extremo y procesar la información más profundamente, somos capaces de extraer grandes aprendizajes de experiencias desafiantes y crecer gracias a ellas. *Sensibilidad* y *debilidad* no son sinónimos. De hecho, a menudo hace falta mucha fortaleza para actuar de forma coherente con nuestra alta sensibilidad. En ocasiones, ser PAS implica *nadar a contracorriente*, ya que vivimos en una sociedad occidental que nos transmite algunos valores antagónicos con nuestra forma de ser. Solemos ser personas que ven opciones desde perspectivas diferentes y cuyas decisiones generan incomodidad e incomprensión en quienes les rodean.

Muy a propósito de esto, hay una cita que hace justicia a la infancia altamente sensible: «Cuando traes al mundo a un NAS, le estás haciendo un gran regalo al mundo».[6] Esta frase nos hace pensar no sólo en nuestros peques, sino en otros NAS, reconociendo en ellos este potencial como recurso para sus familias y el mundo. Para que esto ocurra, necesitan ser comprendidos, amados y acompañados por padres, madres y educadores que entiendan cómo son. Adultos que sepan estimularlos sin saturarlos.

¿Es tu peque altamente sensible? Lo importante no es que la respuesta sea sí o no, sino que refleje lo mejor posible su realidad personal. Si la respuesta es afirmativa, ya sabes que no hay nada que temer. Y si la respuesta es que no es NAS, pues simplemente no lo es y tiene un grado de sensibilidad medio o bajo. Como afirma Michael Pluess, la sensibilidad es cuestión de grado y lo interesante es conocer cuál es el que poseen nuestros peques, porque esto nos ayudará a dar en la diana de lo que necesitan de nosotros.

Tras esta breve introducción, pasamos a enunciar las tres principales herramientas de valoración que existen para saber si tu peque es altamente sensible y que enseguida desarrollaremos. En primer lugar, te presentamos la identificación (o no) a través del análisis de las cuatro características fundamentales. Estas no son las únicas, pero sí las principales, ten en cuenta que es preciso identificar las cuatro para considerar que tu peque es NAS (no sólo dos o tres de ellas). En segundo lugar, te recomendamos usar un cuestionario de evaluación. Puedes encontrar algunas herramientas distintas en páginas especializadas como en sensitivityresearch.com, mencionada anteriormente. Te animamos también a realizar el cuestionario para adultos ya que es muy útil saber el

---

6. Aron, E. N. (2017). *El don de la sensibilidad en la infancia.* Barcelona, Ediciones Obelisco, pág. 29.

grado de sensibilidad de los progenitores. De hecho, la experiencia nos demuestra que muchos padres y madres han descubierto su alta sensibilidad a raíz de interesarse por la de sus hijos. Este conocimiento les ha permitido no sólo conocerse mejor a sí mismos, sino también identificarse y conectar mejor con sus NAS. Finalmente, un tercer recurso de valoración a añadir es la entrevista con un profesional especializado en alta sensibilidad.

Primera herramienta de valoración. Las cuatro características de la alta sensibilidad

Según la doctora Aron,[7] existen cuatro características básicas que son comunes a todas las PAS. A continuación, veremos cómo valorar si nuestros peques manifiestan estos pilares gracias a aspectos observados en su conducta, gestos y palabras. Dichos pilares son: 1) profundidad de procesamiento, 2) reactividad emocional y empatía, 3) sensibilidad ante estímulos sutiles y 4) sobreestimulación.

Profundidad de procesamiento

Si hablamos de profundidad de procesamiento, o procesamiento profundo de la información, diremos que este tipo de peques reciben más información sensorial que otros con un grado de sensibilidad medio o bajo. Como son más sensibles a lo que ocurre a su alrededor, suele generarse en ellos una conciencia social precoz y un interés por temas éticos, transcendentales o medioambientales un tanto inusuales para su edad. Este procesamiento profundo de la información también puede observarse en que realizan bastantes preguntas y reflexionan acerca de lo que ocurre a su alrededor, y esto hace que la mente de estos pequeños no se relaje fácilmente. Por este motivo, suelen poseer un rico mundo interior del que procede una creatividad que puede expresarse en dibujos, invención de juegos, cuentos, canciones, construcciones, manualidades, etc.

---

7. Aron, E. N. (2017). *El don de la sensibilidad en la infancia*. Barcelona, Ediciones Obelisco, pág. 29.

Es habitual observar en los NAS preocupaciones ante situaciones nuevas de las que no poseen suficientes datos. Un traslado a otro colegio o residencia, por ejemplo, les afecta más que a otros y necesitarán acompañamiento para gestionarlo. Dentro del procesamiento profundo de la información hay una forma de funcionamiento del cerebro altamente sensible definida como *pause and check* (detenerse y comprobar). Los NAS primero evalúan la situación, se lo piensan más que otros peques para dar ciertos pasos y luego actúan. En ocasiones, este procesamiento profundo de la información también puede llegar a derivar en perfeccionismo. Suelen querer hacerlo todo bien a la primera, algo que en ocasiones es muy difícil, ya que ciertos aprendizajes requieren de ensayo y error.

> *Piensa en tu peque: ¿procesa la información que perciben sus sentidos de forma superficial o profunda?*

Reactividad emocional y empatía

El segundo pilar de la alta sensibilidad es la reactividad emocional y empatía, una doble característica de aspectos que van de la mano. Puedes observar la alta emocionalidad en tu peque si siente todo con mayor intensidad que otras personas, algo que en ocasiones puede hacer que se asuste con facilidad. Puede sobresaltarse e incluso *pegar botes,* ya que lo expresa también físicamente. La alta empatía tiene su origen, como ya se ha comentado, en la mayor actividad de las neuronas espejo que son las encargadas de este rasgo, así como de la imitación. Los NAS suelen ser esponjas del estado de ánimo de otras personas y, como no saben gestionar aún su elevada empatía, pueden llegar a vivir en primera persona los problemas de familiares, amigos o, incluso, mascotas.

En ocasiones, puede ocurrir que los NAS se muestren insensibles ante el sufrimiento de otras personas. Lo hacen de forma inconsciente para desconectar emocionalmente, a modo de mecanismo de defensa para no sentir tan profundamente ese malestar ajeno. Puede ser que tu peque se comporte de manera indiferente no porque no le importe el malestar de otras personas, sino porque le afecta demasiado y no quiere sufrir tanto. Esto no significa que no sea un NAS, sino que se está protegiendo con una coraza. Si, por ejemplo, evita imágenes violentas o emocionalmente intensas en la televisión y se muestra frío ante situaciones dolorosas cotidianas, puede que sea muy empático pero que esté practicando esta desconexión.

> **Piensa en tu peque: ¿consideras que es empático y tiene una alta emocionalidad?**

Sensibilidad ante estímulos sutiles

El tercer pilar es la sensibilidad hacia las sutilezas. Los NAS son muy conscientes de cualquier estímulo sutil, como sonidos, olores, detalles, etc. Pueden comentar algo sobre el nuevo corte de pelo de un amigo, un cuadro torcido o un zumbido de un mosquito que les molesta en el parque. Ese zumbido puede pasar inadvertido para personas con un grado de sensibilidad medio o bajo. No quiere decir que el NAS tenga mejor oído, sino que, oyendo lo mismo, es más consciente de este sonido por causa del procesamiento profundo que realiza de la información. De los cinco sentidos, estos peques suelen tener tres o cuatro con los que captan estímulos con mayor intensidad que el resto de los niños. También es común que se quejen más del frío o del calor, de una piedrecita en el zapato, de humedad en la ropa, de calcetines que aprietan o etiquetas que rozan su piel, etc. La piel del NAS es una metáfora de su forma de ser: permeable a lo que ocurre en el medio ambiente, fina y sensible. Por este motivo, en ocasiones, estos niños presentan urticarias, alergias o rojeces y requieren productos para pieles sensibles.

En las relaciones con otras personas, los NAS captan gestos sutiles que otros no ven, dándose cuenta de su estado de ánimo real, mediante el lenguaje no verbal. Realizan comentarios del tipo «estás triste, ¿verdad?», o «¿estás preocupada o cansada?», sin que hayas verbalizado tu estado previamente, pues se han dado cuenta por mera observación.

Se estima que un tercio de los NAS tienen dificultades con las comidas: rechazan algunos alimentos y ciertas mezclas. También les puede resultar especialmente incómodo el desorden en las estancias en las que están. Esto ocurre porque al captar las sutilezas sienten que los entornos caóticos se llenan de demasiados estímulos visuales.

La parte más bonita de este pilar son los llamados *ojos para la belleza* que tienen y que les hacen capaces de valorar un paisaje, una puesta de Sol, una obra de arte, etc. Esto les otorga la capacidad de disfrute, una cualidad muy importante que les ayuda a compensar las incomodidades que también posee el rasgo.

> **Piensa en tu peque:**
> **¿capta matices y sutilezas en el día a día?**

Sobreestimulación

Por último, y como consecuencia lógica de los anteriores, llegamos al cuarto pilar principal: la fácil saturación o sobreestimulación. Puedes darte cuenta de que tu peque está saturado cuando ha recibido más información de la que es capaz de procesar, mostrando que no puede recibir ningún estímulo más. Su sistema nervioso más sensible se ha colapsado. Si el cerebro del NAS fuera una esponja, diríamos que se ha llenado de tanta agua que ya no puede contenerla y empieza a chorrear. Ese es el momento de parar. Como hemos visto, no sólo es que las PAS recibimos un torrente de información mediante los sentidos (en torno a un 10 % más que el resto), sino que el procesamiento de esa información es más profundo. Es por esto comprensible que los NAS se cansen antes que el resto de los niños, tanto mental como físicamente.

Cuando están saturados y continúan recibiendo estímulos y demandas del exterior y su interior (en forma de autoexigencia excesiva), es fácil que tengan rabietas y manifiesten nerviosismo. También es común que somaticen, y digan que tienen dolores de estómago o de cabeza, por ejemplo. Algunos NAS saturados también tienen problemas para conciliar el sueño, aunque no todos. Fruto de esta saturación, pueden también manifestar conductas hiperactivas, y en otras ocasiones podrás observar, especialmente en NAS introvertidos, que tienden a bloquearse si son el centro de atención.

Sin duda, la saturación es uno de los principales desafíos de cualquier PAS, ya sea adulto o niño. Por ello, introducir estrategias cotidianas que faciliten una recuperación del equilibrio perdido es fundamental.

> *Piensa en tu peque: ¿tiene momentos críticos de saturación?, ¿manifiesta a menudo alguno de los síntomas corporales y/o emocionales descritos?*

Recapitulando, ¿ves a tu peque reflejado en las cuatro características básicas de la alta sensibilidad?

Segunda herramienta de valoración. Cuestionarios de evaluación

Para seguir reflexionando acerca de la realidad de tu peque, te animamos a realizar un cuestionario de evaluación. Tras valorar varios instrumentos, te propondremos que utilices el cuestionario del proyecto europeo E-motion,[8] un proyecto financiado por la Comisión Europea mediante Erasmus+ y liderado por profesionales de universidades de España, Polonia, Macedonia del Norte, Italia y Rumanía pensado para niños de Infantil y Primaria. El objetivo que persiguen es desarrollar e implementar un modelo integral de apoyo para los NAS. Los puntos fuertes que apreciamos en este cuestionario son que se trata de un cuestionario de libre acceso y el hecho de estar avalado científicamente y basado en resultados empíricos de la investigación, ya que se trata de una iniciativa académica en red a nivel europeo. De este modo, las familias nos podemos beneficiar de la inteligencia colectiva de este equipo de trabajo.

Puedes rellenar el cuestionario en la dirección web que te proporcionamos. Una vez lo hayas realizado, tendrás acceso a un informe con los

---

8. El cuestionario E-motion para la evaluación de la alta sensibilidad se halla en la web de highlysensitive.eu. Puedes acceder a él después de registrarte en: www.highlysensitive.eu/hetool/index.php/welcome/index

resultados de la evaluación ubicando a tu peque en un grado de sensibilidad alta, media o baja. Insistimos en que no hay respuestas correctas o incorrectas: cada uno es como es, con un grado de sensibilidad diferente. Conocer el de tu peque te ayudará a comprenderlo y criarlo de manera específica.

> *¿Qué información has obtenido? ¿Es coherente con la valoración que has realizado de los cuatro pilares principales de rasgo? ¿Tienes dudas?*

Tercera herramienta de valoración. Entrevista profesional

Si quieres contrastar los resultados, o si tienes dudas y te gustaría comentarlos con una profesional especializada, Rosario queda a tu disposición como *coach*. Un punto de vista externo a tu sistema familiar y el conocimiento del rasgo tanto a nivel teórico como vivencial pueden ser de gran ayuda. Puedes acceder a su página web (www.almapasmadrid.es), desde la que podrás solicitar una sesión de valoración sin compromiso.

Tipologías de los NAS

Además de los tres recursos básicos de valoración de la alta sensibilidad, nos gustaría cerrar este apartado apuntando que los NAS tienen características en común y, sin embargo, cada uno es único e irrepetible. Son verdades en tensión. Por un lado, los peques con este rasgo tienen estos cuatro pilares en común; por otro, tal y como Aron describe, hay una serie de tipologías dentro de la infancia altamente sensible que los diferencian y que describimos a continuación de forma breve.[9]

---

9. Zegers de Beijil, K.Z. (2019). Niños con alta sensibilidad: Cómo entenderlos y ayudarlos a transformar sus diferencias en fortalezas. La Esfera de los libros.

Introversión

Se estima que dos tercios de la infancia altamente sensible es introvertida. Son peques que renuevan sus fuerzas en soledad y tienen una rica vida interior. Así que, si observas en tu NAS esta necesidad, es recomendable dejarle pasar tiempo a solas para *cargar sus pilas* realizando actividades de forma individual. Suelen disfrutar creando y se sienten atraídos por la música, la pintura o las manualidades.

Extroversión

Estos peques buscan la conexión social y son muy participativos en los grupos. Así se *recargan*. Suelen ser niños populares que en ocasiones no gestionan bien sus límites personales y que pueden acabar cansados de esa vida social, que por otra parte es tan importante para ellos. Cuando observes que se muestra irascible e impaciente después de estar jugando con otros peques o practicando algún deporte de equipo, es momento de retirarse y descansar.

Ambiversión

Aunque las dos tipologías previas son tendencias que se usan a nivel explicativo, nadie es exclusivamente introvertido o extrovertido. Hay situaciones en las que los niños necesitan enfocarse hacia el entorno y otras hacia dentro. Los NAS se saturan con facilidad, antes que otros peques, así que el nivel de sobreestimulación también les afecta. Si están muy saturados buscarán de forma intuitiva tener un tiempo a solas, y si no lo están, se mostrarán más abiertos a relacionarse.

Buscadores de sensaciones

Hay un tipo de NAS que generan una necesidad de vivir nuevas experiencias que les proporcionen emociones fuertes. Suelen ponerse retos que liberan dopamina. Tanto los NAS introvertidos como los extrovertidos pueden ser buscadores de sensaciones, aunque actúan de forma diferente. En el caso de los introvertidos es común que se planteen retos individuales como, por ejemplo, nuevos aprendizajes. Los extrovertidos, por el contrario, tienden a buscar esas emociones junto a su pandilla, especialmente desde quinto de primaria.

Voluntad fuerte

En este caso hablamos de NAS obstinados que suelen tener muy claras sus preferencias y una respuesta para todo. Necesitan límites y les ayuda comprender el porqué de las normas. Pueden ser tanto introvertidos como extrovertidos. Los primeros tienden a cerrarse. Es el caso, por ejemplo, de un adolescente altamente sensible con voluntad fuerte y tendencia a la introversión que conocimos y cuya madre recomendaba invertir tiempo y esfuerzo para conectar de una forma muy intencional durante primaria, de este modo, al llegar a la adolescencia, pueda sostenerse mejor la relación. En cuanto a los NAS extrovertidos con voluntad fuerte, esta combinación hace de ellos líderes. Buscan convencer a los demás y son especialmente intensos. Al ser más comunicativos que los introvertidos, es fácil conocer sus planes y encauzarlos mediante buenas conversaciones.

¿En qué tipología identificas a tu NAS?

Esperamos que este apartado te haya ayudado a conocer un poco más a tu peque. Ten en cuenta estas tipologías a la hora de valorar qué tipo de hábitos entre los que te proponemos en la segunda parte de este libro podrían ser más idóneos para tu NAS.

3

Mi peque es altamente sensible. Y ahora, ¿qué?

Criar a un NAS en la cultura occidental

En el Congreso de Alta Sensibilidad celebrado el 26 de mayo del 2018,[1] el Dr. Ted Zeff resumió las conclusiones de sus entrevistas con treinta hombres altamente sensibles de cinco países. Con relación a las diferencias culturales, los hombres altamente sensibles de India, Tailandia y la mayoría de Dinamarca declararon que *nunca* o *rara vez* fueron objeto de burlas cuando eran niños por su sensibilidad, independientemente de las variables de apoyo de los padres o la participación en deportes de equipo (es más, en Tailandia se les suele otorgar el papel de líderes precisamente por su capacidad innata para trabajar por el bien del grupo). Los hombres altamente sensibles de Tailandia y la India indicaron que *generalmente* o *siempre* tuvieron muchos amigos mientras crecían. Sin embargo, prácticamente todos los hombres altamente sensibles que crecieron en Estados Unidos indicaron que tenían pocos o ningún amigo, a excepción de aquellos que participaban en deportes de equipo. Estos datos confirman que la vivencia de la alta sensibilidad se ve en gran manera modulada por la cultura de cada país. Ser consciente de esto nos ayudará a decidir qué valores culturales vamos a

---

1. Zeff, T. (26 mayo, 2018). «El niño altamente sensible», ponencia del congreso «Alta Sensibilidad». Puedes visualizar el vídeo de la ponencia en www.youtube.com/watch?v=65Wr2inYV_U

asumir como propios y cuáles no. Buscaremos por un lado la inclusión social de nuestros NAS y, por otro, protegerlos cuando sea necesario según las situaciones que se originen. La clave consistirá en discernir cuándo alentar a nuestros peques a hacer un esfuerzo para sentirse parte del grupo y cuándo respetar su negativa a participar de actividades o relaciones con personas que no les agradan y les generan zozobra.

La UNESCO definió la cultura como «el conjunto de los rasgos distintivos espirituales y materiales, intelectuales y afectivos que caracterizan a una sociedad o a un grupo social y que abarca, además de las artes y las letras, los modos de vida, las maneras de vivir juntos, los sistemas de valores, las tradiciones y las creencias».[2] Para entenderlo un poco mejor, echaremos un pequeño vistazo desde la antropología, que es la ciencia que estudia al ser humano tanto a nivel biológico como cultural. El término proviene de la unión de los vocablos griegos *anthropos* («humano») y *logos* («conocimiento», «saber»). Dentro de la antropología, hay varias ramas y, concretamente desde la social y cultural, nos vamos a enfocar en las prácticas sociales, es decir, los procesos y contextos de interacción. Dentro de estas prácticas sociales, una de las más relevantes es la *crianza*. Podríamos definir la crianza como el conjunto de acciones que se basan en ideas, costumbres y hábitos que los padres, madres o adultos a su cargo realizan con el propósito de promover el desarrollo saludable y el aprendizaje de los pequeños. Recordamos haber visto documentales sobre prácticas de crianza de neonatos en diferentes continentes. Por un lado, esa variedad de formas de afrontar la misma tarea resulta fascinante. Pero al mismo tiempo puede generarnos inquietud al preguntarnos: «y ¿cuál es la mejor manera para nosotros?».

Si bien es cierto que cada país tiene una cultura específica, podríamos distinguir dos grandes bloques culturales: occidental y oriental, cada uno de ellos con sus propios rasgos característicos. Generalizando, diremos que los rasgos definitorios de la cultura occidental basados en tradiciones políticas, filosóficas y religiosas se pueden observar en la

---

2. UNESCO (3 noviembre, 2001). Actas de la Conferencia General, 31a reunión, París, 15 de octubre-3 de noviembre de 2001, v. 1: Resoluciones. Recuperado de https://unesdoc.unesco.org/ark:/48223/pf0000124687_spa

mayor parte de Europa, América, República de Sudáfrica, Israel, Australia y Nueva Zelanda.

La cultura nos propone un *modo de ser* y *de criar a nuestros peques* que, como padres y madres de NAS, podemos seguir o no. Creemos que ciertos de estos rasgos occidentales entran en especial conflicto con la alta sensibilidad, y entre ellos destacamos el del elevado consumismo. Si bien es cierto que no sólo las sociedades occidentales se ordenan en torno a la producción y satisfacción de las necesidades a través del capital, este principio capitalista es hijo de la sociedad burguesa y la revolución industrial originada en la Inglaterra del siglo XVIII, que desencadenaron cambios radicales que aún siguen entre nosotros. La producción se alinea con un mayor consumo, de ahí que los Estados lo hayan promovido desde el origen de esta revolución, con el fin de dar salida a las nuevas capacidades productivas. Así, el consumismo es una tendencia creciente y que, a nuestro modo de ver, tiene un impacto negativo en la crianza por diversos motivos que te exponemos a continuación.

Nuestra sociedad de consumo nos expone a continuos mensajes mediante los dispositivos electrónicos y las pantallas, que son reconocibles si se presta atención: *vive deprisa; trabaja mucho para comprar y ser feliz; haz de todo y así tendrás* más éxito; *compite y poseerás más cosas; persigue tus objetivos pensando sólo en ti mismo,* etc. Es la cultura del narcisismo que bajo sus premisas de libertad, éxito y felicidad personal propone el consumo de productos que ponen en valor la belleza y la juventud como máximas aspiraciones del individuo. Una cultura de la frivolidad que ensalza el ego y asocia el materialismo al éxito personal: *tanto tienes, tanto vales.*

Como adultos, somos el objetivo principal de estos mensajes, que sin embargo, cada vez más directamente se dirigen también a nuestros peques, quienes apenas poseen un espíritu crítico y están aún aprendiendo a diferenciar un capítulo de sus dibujos favoritos de un anuncio, especialmente en los primeros años de primaria y edades previas. La publicidad intenta convencernos de que su producto es imprescindible para nosotros, aunque realmente se puede vivir con menos, economizar, reducir gastos y racionalizar nuestros consumos. Es por esto por lo que cada vez son más las voces que se levantan en este sentido y que apelan a nuestra conciencia, tratando de repercutir directamente en nuestro estilo de crianza.

Una de las ventajas de vivir con menos es evitar la sobrecarga visual que tanto nos molesta a muchas PAS. Desde una visión algo más austera, creamos hogares más despejados y funcionales. Cuando prescindimos de lo no esencial, es más fácil mantener el orden, lo que nos ayuda mucho a las PAS, ya que permite crear un ambiente de paz. Una casa más vacía contribuye a una mayor relajación y concentración.

Otra de las ventajas es que tenemos más tiempo libre. La limpieza y el orden mejoran y encontramos con más facilidad lo que buscamos. Esto se traduce en pasar mayor tiempo de calidad con nuestros peques, que es lo que más necesitan para su desarrollo, reduciendo su exposición a las pantallas, que solemos usar como *niñera*. Vivir con menos también puede liberarnos de realizar horas extra en el trabajo para comprar cosas que no necesitamos.

Y no sólo eso, sino que cuando bajamos el ritmo de compra de objetos prescindibles, también reducimos las emisiones de CO_2 que se generan durante la fabricación y los residuos al tirarlos.

Un consumo responsable enseñará a nuestros NAS a no comprar por impulso, acumulando objetos. De esta forma prevenimos en ellos la adicción a las compras como canalización para tapar determinadas emociones desagradables mal gestionadas. Nuestros NAS han de aprender que las compras no son un medio para sentirse mejor, sino para conseguir aquello que necesitamos.

¿Cómo te sientes al leer estas líneas sobre la sociedad de consumo en la que vivimos y sus efectos sobre nuestro estilo de crianza? ¿Necesitas frenar el ritmo de compra de productos que realmente no necesitas o tiendes al equilibrio en este sentido? Si consideras que necesitas modificar tus hábitos de consumo, sabemos que no es una tarea fácil, aunque sí posible. A continuación, te damos algunas recomendaciones prácticas que nos ayudan y que puedes trabajar en tu diálogo interno cuando estés frente a una tienda física u online:

- Recuerda que no necesitas todo lo que te ofrecen.
- Sé consciente de lo que compras y pregúntate si el impulso a adquirir algo está motivado por el deseo de tapar alguna emoción desagradable como el desasosiego, la angustia o la aflicción.

- Puedes hablarte internamente por tu nombre y recordarte que la ilusión por las cosas nuevas es efímera.
- Por último, es importante reconocer que los cambios llevan su tiempo y que, si caemos en la compra de algo que no necesitamos, podemos aprender de la experiencia con tranquilidad evitando, por ejemplo, ir de tiendas cuando no necesitamos comprar nada y optar por otras formas de ocio cultural o deportivo, por ejemplo.

Nos centraremos a continuación en las características de la persona ideal dentro de nuestra cultura occidental sabiendo que una de ellas es precisamente la de una persona consumista. ¿Te has dado cuenta de que una persona que tiene una gran capacidad de compra es vista como más exitosa? La paradoja es que muchas veces aquellas que más compran y ostentan son las que más tristes se sienten. Es posible que lo que estén haciendo en realidad sea cubrir su vacío existencial consumiendo. Por eso es tan importante fomentar en nosotros el espíritu crítico y ayudar a nuestros NAS a desarrollarlo.

Otra de las características de nuestra cultura occidental es el individualismo. González Vela, en su artículo sobre el individualismo occidental en tiempos de responsabilidad social, afirma que «el mundo occidental ha desarrollado una concepción individualista de la sociedad, con un fuerte sentido de la autonomía personal y predominando valores como el de la libertad (entendida por la mayor parte de la población como la capacidad que tengo *yo* para hacer lo que estime conveniente), que refuerza el carácter individual de las personas».[3] El mismo autor también explica que en contraposición a esta concepción individualista están las sociedades orientales, más colectivistas, caracterizadas por el *pensamiento único* que dificulta el progreso de ideas innovadoras y la riqueza de la diversidad ideológica. Por esta razón finaliza su artículo exponiendo que «ni individualismo extremo ni colectivismo parecen respuestas por completo convincentes. La pregunta entonces

---

3. González Vera, J. (10 febrero, 2022) *El individualismo occidental en tiempos de responsabilidad social*. NIAIA. Recuperado de https://niaia.es/el-individualismo-occidental-en-tiempos-de-responsabilidad-social

sería: ¿cómo preservamos el individualismo de la sociedad occidental, que nos permite crecer como personas, al tiempo que desarrollamos una muy necesaria responsabilidad social que nos permita crecer como sociedad y, a la postre, encarar los graves riesgos a los que nos enfrentamos?». Podríamos decir que las personas altamente sensibles estamos llamadas a alertar a la sociedad de la necesidad de asumir esta responsabilidad social ante los peligros de un individualismo extremo. El documental *Sensitive*[4] nos muestra cómo también hay animales (dentro de su manada/rebaño) altamente sensibles y que su papel en contextos hostiles es el de avisar que los depredadores se acercan, para lo cual están dotados de una potente intuición. Son capaces de captar sutilezas, como movimientos de acercamiento peligrosos, y sienten un fuerte apego a su grupo que les impulsa a dar la señal de alarma y salvarlos.

La cultura está en permanente transformación, y las PAS podemos ser agentes de cambio cuestionando determinados valores dominantes y proponiendo alternativas. La cultura es un proceso creativo en el que podemos elegir nuestro modo de ser y estar en este mundo. Tenemos más margen de elección del que muchas veces nos permitimos, especialmente cuando somos libres del *qué dirán*. El mundo necesita personas empáticas que aporten y transmitan con su ejemplo la responsabilidad que va de la mano de la cooperación. El politólogo Robert Axelrod explica que la cooperación es la estrategia de éxito social basada en el célebre juego del dilema del prisionero.[5] Su planteamiento propone una alternativa a la tesis de que sólo el más fuerte sobrevive por causa de la competitividad desde un análisis del papel de la cooperación.

Ahora bien, ¿cómo podemos criar a los NAS para que se conviertan en estos adultos socialmente responsables sin que se *rompan* por el camino? La respuesta es enseñándoles a conocerse más profundamente y a gestionar de forma adecuada su alta sensibilidad, combinando la responsabilidad social con el autocuidado consciente. De esta forma podrán experimentar una vida con propósito y se sentirán realizados sin

---

4. *Sensitive: The Untold Story* (10 septiembre de 2015) Documental dirigido por Will Harper.
5. Axelrod, R. (1981). «The emergence of cooperation among egoists». *American Political Science Review,* 75(2), 306-318.

ver comprometida su salud física y mental. En este sentido, nuestro acompañamiento como adultos a cargo en aspectos concretos como la gestión de la sobreestimulación, de una empatía saludable o de los límites personales les ayudará eficazmente a poder desplegar su generosidad. Esto se combina con la búsqueda constante de un equilibrio entre el dar y recibir que haga de sus esfuerzos sociales un camino sostenible y evite que se *quemen*.

Una aplicación práctica que puede ayudarnos a contener el individualismo extremo en nuestra familia es tomar conciencia de la forma en la que nos planteamos los objetivos. Uno de los aprendizajes distintivos de mi escuela de *coaching*, D'Arte Human and Business School, es la forma en la que nos enseñaron a acompañar a los *coachees* o clientes en la formulación de sus objetivos en procesos de transformación. Comúnmente se enseña que los objetivos deben tener las características del acrónimo SMART, que en sus siglas en inglés se refieren a la importancia de que un objetivo sea específico, medible, asequible, realista y que esté temporalizado. En D'Arte aprendí algo muy valioso de cara a un planteamiento de objetivos más holístico, que incluye dos aspectos más en el acrónimo SMARTER. La letra E hace referencia al aspecto ecológico del objetivo, estimulando la consideración de cómo el cumplimiento de mi objetivo afecta a mi entorno. Esto es algo importante como padres y madres que puede prevenir situaciones de desequilibrio que generen sufrimiento innecesario en nuestros NAS. A modo de ejemplo, debemos hacernos preguntas como: ¿este ascenso al que aspiro redundará en una mayor calidad de vida a mis hijos o, por el contrario, les privará de mi presencia y saldremos perdiendo como familia? Por último, la letra R hace referencia a la cualidad recompensante del objetivo, algo que requiere una reflexión sincera debido a que generar cambios implica esfuerzo y tiempo. ¿Realmente el cumplimiento de este objetivo aportará valor a mi vida y a mi familia? Si la respuesta es afirmativa, el objetivo puede merecer la pena. Al considerar la respuesta, debemos tener en cuenta que, en nuestra sociedad occidental, a menudo construimos nuestra identidad desde el hacer, y no tanto desde el ser. Es fácil caer en el activismo sin sentido e ir por la vida como *pollo sin cabeza*. La sociedad nos dice que, cuanto más haces, más interesante y exitosa es tu vida. Pero no siempre es así. Tampoco se trata de caer en la apatía y la inacción. La clave está en vivir y hacer con un sentido de propósito. Y en muchas ocasiones, menos será más, especialmente en la vida de nuestro NAS, que se satura con facilidad y necesita más descanso que otros.

Al continuar con nuestro recorrido por características tipo de nuestra cultura occidental, nos topamos de nuevo con el ideal de persona competitiva. El psicólogo social y codirector del programa Cultura y Cognición de la Universidad de Michigan, Richard Nisbett, afirma que, en las sociedades occidentales, al ser más individualistas, lo que a menudo prima es el beneficio de la persona por encima del grupo.[6] Como lo que manda es la competitividad, los lazos sociales, e incluso los familiares, son más débiles, lo que provoca insatisfacciones y problemas como depresión y ansiedad. Y quizás te preguntes: ¿cómo podemos hacerlo bien en nuestra crianza en un mundo que premia la competitividad? Lo mejor que podemos hacer es fomentar el crecimiento personal de nuestros NAS sin caer en comparaciones. En este sentido, debemos estimular a nuestros peques a que superen obstáculos y vayan alcanzando hitos del desarrollo, transcendiendo su temor o pereza para hacer algo que antes no hacían. Si, por ejemplo, estás trabajando la autonomía de tu NAS para que se organice al realizar las tareas del colegio con cada vez menos supervisión, es bueno comparar y decirle algo como: «Te felicito porque este año te estás organizando mucho mejor con tus tareas que el curso pasado, se nota tu progreso». En ocasiones, podemos sentirnos tentados a comparar a nuestros NAS con otros niños que, además, tienen un grado de sensibilidad medio o bajo. Pero esto sería como comparar un melón con una piña. Ambas son frutas, pero muy diferentes en su sabor, textura, etc. Si, además, en esa comparativa nuestros NAS salen perdiendo y se lo verbalizamos, esto podría acarrear problemas de autoestima en la edad infantil que pudieran incluso arrastrarse durante la edad adulta. Es mucho más saludable que les enseñemos a competir con ellos mismos desde pequeños de forma equilibrada. Evitaremos caer en la sobreexigencia midiendo lo que pueden conseguir según su edad, para que no vivan

---

6. Nisbett, R.E. (2004). *The geography of thought: How Asians and Westerners think differently… and why*. Simon and Schuster.

en una frustración constante al pedirles lo que aún no pueden alcanzar. Pero, por otro lado, procuraremos que puedan superarse y crecer sin sobreprotección.

Una última característica fundamental de la persona ideal dentro de la cultura occidental es la extroversión. Dentro de la población altamente sensible, hay aproximadamente un 30 % de extrovertidos y un 70 % de introvertidos. Los NAS extrovertidos obtienen su energía del mundo exterior, de la relación con otras personas y de actividades que responden a sus necesidades e inquietudes. Esto no significa que no necesiten descanso ni espacios de soledad buscada, como les ocurre a los introvertidos. De hecho, los momentos de pausa son fundamentales para recuperar el estado de equilibrio de su sistema nervioso más sensible. A este tipo de NAS extrovertidos les gusta mucho trabajar en equipo y colaborar con los demás, y también los deportes de equipo, ya que su cuerpo les pide mucho movimiento y les permite sociabilizar. Suelen ser buscadores de sensaciones en grupo, tal y como te hemos contado en el capítulo anterior. El término de *buscadores de sensaciones,* acuñado por Zuckerman,[7] se fundamenta en la necesidad de experimentar nuevos estímulos que proporcionen sensaciones intensas. Si bien un NAS introvertido puede ser también buscador de emociones, tenderá a hacerlo más en forma de desafíos individuales. Por todos estos motivos, es más fácil ser un NAS extrovertido en una cultura occidental que premia la popularidad social.

El terapeuta Blake Griffin Edwads afirma que, «al igual que los aventureros que cumplen el destino manifiesto, los extrovertidos exploran el mundo del otro de una manera verbalmente asertiva, distintiva de los introvertidos, más conservadores verbalmente que, como muchos en las culturas orientales, pueden ser más propensos a abstenerse de expresar pensamientos y sentimientos en aras de la diplomacia interpersonal y en la gestión de una economía de energía psicológica».[8] Él

---

7. Zuckerman, M. (1971). «Dimensions of sensation seeking». *Journal of Consulting and Clinical Psychology,* 36(1), 45.

8. Edwards, B.G. (10 junio, 2022). *Cómo ser un introvertido feliz. Psychology Today* en español. Recuperado de www.psychologytoday.com/es/blog/como-ser-un-introvertido-feliz

mismo se define como introvertido, concluyendo que la clave para ser una persona feliz introvertida dentro de una cultura occidental, que te pide que seas más extrovertido, es la autoaceptación, ya que el darse permiso para ser una persona auténtica genera bienestar. Aquí estamos ante otra situación de *desobediencia* a la cultura que resulta saludable. ¡Qué alivio!, ¿verdad? Si tienes un NAS introvertido, valida su forma de ser, aceptando que necesite espacios de tiempo a solas y que sea más callado que otros niños. Por otro lado, como queremos tender al equilibrio y sabemos de la importancia de las relaciones sociales, también es beneficioso que le animemos a esforzarse a veces, recordándole que las relaciones requieren tiempo y se necesita conocer a alguien para sentirse cómodo con esa persona. El proceso merece la pena en muchos casos, especialmente cuando hablamos de amistades enriquecedoras que no se quieren perder.

El desafío extra de criar a un varón altamente sensible

Si bien es cierto que es común sentirse como un bicho raro siendo una niña altamente sensible en Occidente, el desafío es aún mayor cuando hablamos de un varón, ya que se relaciona la sensibilidad con la debilidad. Ya sabemos que no son sinónimos, pero sigue existiendo una asociación cultural entre ambos términos. Al poco de conocer sobre su alta sensibilidad, Pablo comentó un día: «Mamá, no me gusta ser sensible porque no quiero ser débil». Su sinceridad dio paso a que se le explicara que podía ser fuerte y sensible a la vez. Él estaba respondiendo a un ideal cultural de varón fuerte que nos hace pensar si es realista concluir que un varón puede mostrarse fuerte en todo momento y si eso es realmente humano.

Ted Zeff, doctor en Psicología por el Instituto de Estudios Integrales de San Francisco y autor de seis libros sobre alta sensibilidad, está considerado una eminencia en el rasgo por los más de veinticinco años que lleva asesorando a niños y adultos altamente sensibles. Dentro de su bibliografía, destacan dos títulos dedicados especialmente a los varones como son: *The Strong Sensitive Boy: Help your Son Become a Happy,*

Confident Man[9] [El niño fuerte y sensible: ayuda a tu hijo a convertirse en un hombre feliz y seguro] y *Raise an Emotionally Healthy Boy: Save Your Son From the Violent Boy Culture*[10] [Educa a un niño sano emocionalmente: libra a tu hijo de la cultura del niño violento]. En una reciente conferencia, este divulgador afirma que una de las características de este tipo de niños es que son precavidos.[11] Dicho de otro modo, no destacan por ser atrevidos. Esto es debido al llamado sistema *pause and check,* que podríamos traducir como la tendencia a detenerse y comprobar que caracteriza al cerebro altamente sensible, y que puede considerarse una precaución sana. Sin embargo, en muchas culturas se avergüenza al chico precavido por considerarse la prudencia una cualidad femenina. No obstante, y como obviamente existe una variedad dentro de los NAS, también encontramos que casi un tercio de ellos buscan emociones, disfrutan emprendiendo actividades nuevas y corriendo riesgos y se aburren con facilidad en situaciones más monótonas.

A los chicos, a menudo, se les incita a tomar más riesgos y a ser más audaces para poder ser alabados. Según Ted Zeff, los valores sociales aún dictan que el varón debe ser agresivo e insensible y no mostrar sus emociones, lo que es la antítesis de un chico altamente sensible. Por todo esto, en muchas culturas, ser altamente sensible es más difícil para un niño que para una niña. Según este autor, en la cultura española, los medios de comunicación ensalzan los rasgos agresivos de los hombres, lo que se aprecia, por ejemplo, en los Sanfermines de Pamplona y plantea que el dar rienda suelta a la agresividad tiene consecuencias catastróficas. En el siglo pasado, la emulación de los peores rasgos de los hombres que no eran altamente sensibles, junto con los valores de los líderes militares y políticos, desembocó en guerras que provocaron la muerte de muchos millones de personas. Lo que este autor argumenta

---

9. Zeff, T. (2010). *The strong sensitive boy: Help your son become a happy, confident man.* Prana Publishing.

10. Zeff, T. (2013). *Raise an Emotionally Healthy Boy: Save Your Son from the Violent Boy Culture.* Prana Publishing.

11. Zeff, T. (26 mayo, 2018). «El niño altamente sensible», ponencia del congreso «Alta Sensibilidad». Puedes visualizar el vídeo de la ponencia en www.youtube.com/watch?v=65Wr2inYV_U

es que, para que una sociedad funcione de manera óptima, es necesario un equilibrio entre la conducta del hombre altamente sensible y la conducta de aquellos que no lo son. El varón altamente sensible tiene una misión importante que consiste en equilibrar el comportamiento agresivo de otros que no lo son y que no propagan el trato respetuoso hacia los humanos, los animales y la naturaleza. Zeff cree que los valores carentes de sensibilidad han creado un mundo al borde del desastre y que una actitud sensible es nuestra esperanza para salvar a nuestra sociedad.

Hay un código de conducta masculino que indica que los varones han de ser duros y no mostrar sus emociones. Por lo general, cuando un niño muestra su dulzura y emociones, suele ser excluido y humillado en determinados contextos. Se ve normal que un chico se comporte de manera agresiva o guarde silencio, pero cuando expresa emociones como el miedo, la ansiedad o la tristeza, consideradas tradicionalmente emociones femeninas, se le trata como si no fuera normal. Que el hombre tenga que asumir el papel de chico duro es difícil para un niño altamente sensible al que le cuesta reprimir sus emociones. Este autor aboga por comprender la fuerza de la educación, explicando que, al nacer, un bebé varón es más reactivo emocionalmente que una niña, pero a los cinco años, la mayoría de los niños han aprendido a suprimir todas las emociones, salvo la rabia, que en muchos países es una emoción aceptada para los varones. Cuando un chico repudia su lado sensible y asume un papel distorsionado de un estereotipo cultural, no llega a sentirse una persona completa.

Observando la sociedad española actual, nos parece que lo que este autor afirma refleja con claridad un trasfondo cultural que aún sigue vigente en algunos contextos. No obstante, se está produciendo un cambio generacional. Conocemos a adultos altamente sensibles que se criaron en la denominada cultura del «chico cruel» de pequeños, en la que sólo podían manifestar la emoción de la ira. Hoy, sabiendo que son PAS, trabajan para gestionar mejor sus emociones, evitando que la ira haga de ellos individuos agresivos. Ellos buscan crecer personalmente y conectan con todo el arco de emociones, gestionándolas de forma saludable para su propio beneficio y el de las personas que tienen cerca. Son varones que se niegan a vivir castrados emocionalmente, y que entienden que la fortaleza procede de escuchar el mensaje que traen las emociones desagradables, atendiéndolas y dejándolas después ir. Son hombres que aceptan que no siempre se sentirán fuertes, pero que saben que es una cualidad importante para cualquier PAS, ya que les ayuda a vivir en un mundo hostil. Ellos no asocian la fortaleza con la dureza gracias a su trabajo de desarrollo personal, sino que saben que la diferencia radica en que una persona fuerte se enfrenta a las situaciones desafiantes usando todas las herramientas que tiene a su alcance con gallardía y son capaces de reconocer que no lo saben todo y de pedir ayuda cuando la necesitan, como síntoma de fortaleza. En cambio, los varones típicamente *duros* se encierran en sí mismos, proyectando una imagen de autosuficiencia falsa. No buscan crecer, sino simplemente aparentar que todo está bien cuando no es así. Muchas veces, estos hombres *duros* que enfrentan desafíos dicen no necesitar a nadie y se jactan de que no precisan hacer cambios, mientras en su mundo interior reina un miedo paralizante que lo cubre todo. Se trata de un temor proveniente de una tristeza y frustración que en muchas ocasiones explica su aislamiento y conductas adictivas. Nos encanta conocer a esos varones sensibles que sacan enseñanzas de cada situación desafiante y que son cada día más fuertes. Estos jóvenes y adultos que *abrazan* su alta sensibilidad educarán de una forma diferente y mejor a sus hijos varones. Con esto se va generando también un cambio cultural que ya ha comenzado y que nos aporta esperanza.

Siguiendo con el trabajo de Zeff, estos son algunos de sus consejos para criar a un varón altamente sensible:

• Opta por el concepto de *sistema sensorial más desarrollado* en lugar de *alta sensibilidad,* ya que la mayoría de los hombres, por razones culturales como las citadas, son reacios a identificarse con la alta sensibilidad. Él recomienda a los padres y madres de los niños que les digamos que, gracias a un mayor desarrollo de su sistema sensorial, son capaces de captar sutilezas en su entorno como hacen los pilotos o deportistas de élite.

• Resalta las luces de su alta sensibilidad para compensar el malestar que pueda sentir en otras ocasiones. En muchos casos, tienen conductas muy positivas como compasión, amabilidad, mediación de conflictos interpersonales, preocupación por el trato hacia los animales, responsabilidad, énfasis en hacer lo correcto o justo, creatividad, capacidad para sentir amor intenso y convertirse en buenos amigos que conectan profundamente con las personas. Estos NAS también tienen una gran capacidad intuitiva que les señala el camino, así como una mayor posibilidad de vivencias espirituales debido a esa intuición que les susurra que debe de haber algo más allá de lo puramente material. Son peques que, desde sus primeros años (como dice Antoine Saint-Exupéry en *El principito*), perciben que «lo esencial es invisible para los ojos».[12]

- Protege su autoestima. El autor recomienda que, si el niño está en un entorno muy duro de burlas y acoso recibidos de forma sostenida en el tiempo, lo más recomendable es sacarle de dicho entorno.
- Permítele que exprese sus emociones y que salga a la luz su verdadero yo. No se trata de barrer debajo de la alfombra las emociones desagradables, sino de acompañarle en su gestión.
- Acepta su sensibilidad física y emocional, enseñándole a poner límites que le protejan, sin tolerar conductas de otras personas que pretendan avergonzarle por su diferencia. Es importante que los padres varones expliquen a sus hijos altamente sensibles que no necesitan la aprobación de chicos agresivos.
- Acompáñalo en situaciones estresantes para él, aunque a ti te puedan resultar normales, como un cambio de colegio o de casa. Sé consciente de que a menudo necesitará procesos de transición más largos que otros niños.
- Informa de su alta sensibilidad. Es importante que los profesores conozcan que el niño es altamente sensible. Cuenta también con los abuelos y otros adultos de referencia para educarles e infórmales del rasgo.
- Corrígelos con calma. Si le gritas, se asustará más que otros niños con una sensibilidad media o baja. Estos niños suelen sentirse mal cuando cometen un error, así que por lo general no hacen falta castigos severos que pueden resultar incluso traumáticos. Lo

---

12. Saint-Exupéry, A. (1951). *El principito*. Capítulo 21.

importante es que puedas transmitirle con mucha claridad qué esperas de él en cuanto a su comportamiento.

- Aprende a reconocer los signos de sobreestimulación y a acompañarlo para que pueda recuperar un estado de equilibrio. En ocasiones vendrá saturado del colegio debido al ruido, las luces de las aulas o las presiones para sacar buenas notas. Necesita descansar después de su jornada escolar.
- Prepárale para afrontar el acoso escolar. En ocasiones, un niño altamente sensible puede ser víctima de acoso escolar, así que padres y madres hemos de estar atentos y decirle que, si lo sufre, nos lo cuente cuanto antes para poder ayudarle, aunque esté amenazado si lo hace. Algunas de las soluciones para el acoso escolar que Zeff comparte incluyen juegos de rol en los que puedan mirar a los ojos al acosador diciéndole: «¡Déjame en paz!» con valentía; o usando el sistema de compañeros, buscando el apoyo de los amigos y que entre todos le digan al acosador que es patético el hecho de que humille a la gente para sentirse valorado. Si el acoso continúa, es importante que el profesorado intervenga. Y si nada de esto da resultado, una posible opción es el cambio de colegio. Zeff también recomienda cursos de autodefensa o la práctica del kárate.
- Habla con él acerca de la amistad y de la importancia de que sus amigos respeten su sensibilidad. Probablemente tu hijo se sienta más cómodo con otros niños que también comparten este rasgo de personalidad, y puede que sus mejores amigos sean como él. También es positivo que aprenda a relacionarse con niños que tienen un grado de sensibilidad medio o bajo que le traten bien para aprender técnicas de interacción social. Todo ello combinando momentos de soledad buscada y de interacción con otros niños.
- Si tu hijo altamente sensible no funciona bien bajo la presión de un deporte de equipo en ligas competitivas, dale la opción de practicar y no competir, sino sólo entrenar con sus compañeros si es posible. También los deportes individuales son otra opción. En cualquier caso, es importante que practique algún tipo de deporte que le permita reducir el estrés y liberar endorfinas, lo que le ayudará a sentirse bien. Es recomendable conocer de antemano que el entorno de la actividad extraescolar no sea demasiado com-

petitivo y que trate con respeto a los peques. No en todos los lugares lo hacen.

A veces a los NAS se les diagnostica erróneamente trastornos de la personalidad o del desarrollo. En ocasiones esto es debido a que el profesional no conoce el rasgo. Es común, por ejemplo, que parezca que tienen un trastorno por déficit de atención e hiperactividad (TDAH). Suele ocurrir que, cuando están sobreestimulados, se olvidan cosas y cometen errores, y puede ser que saquen notas más bajas por ese estado de sobreestimulación. Por ser muy concienzudos, los NAS pueden sentirse abrumados cuando se les mete prisa y funcionarán mal en el entorno escolar, especialmente cuando se sienten observados. Sin embargo, no son como los niños con TDAH, ya que en un entorno silencioso el NAS no suele tener problemas para concentrarse, no son impulsivos y serán minuciosos para evitar errores.

Errores comunes en la crianza de los NAS

Son muchos los errores que, como padres, podemos cometer a la hora de educar a nuestros hijos. En este apartado nos centraremos en aquellos errores que habitualmente observamos en padres y madres de los NAS, principalmente cometidos por desconocimiento. Presentamos los cuatro errores que, a nuestro modo de ver, podemos evitar con facilidad si los conocemos y somos conscientes de ellos.

Poner el foco en las sombras o dificultades del rasgo

Cuando descubrimos el rasgo, es normal sentir cierto temor ante lo desconocido, tener dudas y vivirlo como un problema. Es muy importante tener en cuenta que el rasgo es neutro, no patológico. Existen muchos recursos a disposición de tu NAS y tu familia. Durante estos años de estudio y acompañamiento a las PAS, nos damos cuenta de que existe la tendencia a poner el foco en las molestias o sombras del rasgo, lo que tiene su lógica, porque hacerlo nos ayuda a mejorar, tener más calidad de vida y crecer. Pero también es justo reivindicar las grandes potencialidades del rasgo para equilibrar y ver sus partes positivas.

Este enfoque es muy importante, ya que así podremos transmitir a nuestro NAS lo bueno del rasgo y aceptarlo completamente si es que aún tenemos reservas, ya sean conscientes o inconscientes. A continuación compartimos contigo una lista maravillosa con las luces del rasgo, de la que podrás echar mano cuando lo necesites y que puede compensar con creces las molestias.

- En primer lugar, es preciso destacar la *potente intuición* que tiene tu NAS, que le ayudará a comprender más ampliamente las situaciones e, incluso, a predecir qué podría ocurrir en el futuro si se dan ciertas variables. Es bueno aprender a escuchar esta potente intuición desde pequeños, ya que puede ayudarnos. No obstante, hay que validar lo que la intuición nos dice con datos objetivos reales, escucharla y a la vez poner a prueba su mensaje con espíritu crítico y sentido común. Por ejemplo, si la intuición le dice a tu NAS que el niño nuevo de clase no es una buena compañía, lo mejor que le podríamos aconsejar es que se relacione con él con cierta cautela, pero que a la vez le dé una oportunidad inicial. Que observe si sólo son prejuicios o si realmente ese niño manifiesta conductas violentas y manipuladoras de forma habitual.
- El *potencial creativo* también es una de las luces más atractivas, y tiene su fundamento biológico en que las PAS tenemos más actividad en la zona del cerebro relacionada con la creatividad. Dicha capacidad tiene una vertiente artística y una práctica en el día a día, que permitirá a tu NAS valorar alternativas diferentes a las comunes debido a su posibilidad de *pensar fuera de la caja*. Muchas PAS desarrollan su potencial creativo desde la infancia mediante la pintura, la escritura, la creación de juegos, las manualidades, la fotografía, etc. Lo que comenzó siendo un pasatiempo se puede convertir en la edad adulta en una profesión. Conocemos a PAS adultas que se dedican al diseño gráfico, la escritura, la producción teatral o la música.
- La potencialidad para *realizar tareas de forma excelente* también está en los NAS gracias a su capacidad para captar datos sutiles y detalles que les ayudan a corregir los errores. En muchas PAS hay una evidente tendencia al perfeccionismo que es importante ges-

tionar con mesura, ya que puede derivar en obsesiones o bloqueos. No obstante, es importante que resaltes esta capacidad natural en tu peque para realizar un buen trabajo.

- Otra de las luces maravillosas del rasgo tiene que ver con la *empatía*. Bien gestionada, permitirá a tu NAS disfrutar de relaciones personales muy satisfactorias. La empatía le ayudará hacer buenos amigos, a experimentar en *cabeza ajena* (ahorrándose sufrimientos debido a malas decisiones). Los NAS tienen un gran potencial para desarrollar habilidades sociales como la escucha activa, la expresión del afecto, la capacidad de pedir perdón de forma honesta, la asertividad o saber enseñar. Es también frecuente encontrar a los NAS actuando como pacificadores en el colegio o en el parque.

- Asimismo, es habitual que los NAS tengan *inquietudes éticas, medioambientales y/o espirituales.* Su mente curiosa se plantea cuestiones transcendentales, y por ello se hacen preguntas profundas y reflexionan con frecuencia. En ocasiones, esto se traduce en que tienen intereses diversos, como la ecología, la muerte, la espiritualidad, las desigualdades sociales y otros temas característicos de edades más avanzadas. Estas inquietudes se suelen traducir en muchas ocasiones en una inclinación para hacer lo justo o lo correcto, honrando sus firmes valores.

¿Qué te ha parecido esta lista? Es de ánimo, ¿verdad? ¿Qué otras potencialidades particulares ves en los NAS que no están aquí recogidas? Seguiremos compartiendo contigo más información sobre las luces y sombras en cada uno de los bloques que encontrarás en la segunda parte del libro. Se trata de un tema importante que nos ayudará a trabajar mejor el rasgo y sacar el máximo potencial de tu peque.

Sobreprotegerle debido a su alta sensibilidad

Algunos de los diferentes estilos de crianza se definen comúnmente como: autoritario, democrático, permisivo, sobreprotector e indiferente. Aunque todos hemos incurrido en alguna actitud típica de cada uno de estos modelos, tendemos a uno de estos estilos en concreto. Tomar conciencia de nuestro estilo principal de crianza nos permite implementar cambios a mejor. ¿Te has preguntado cuál es tu estilo de crianza principal?

Cuando asumimos que nuestro peque es altamente sensible, puede surgir en nosotros un estilo sobreprotector de forma inconsciente. Se trata de un modelo caracterizado por la tendencia a la resolución anticipada de las dificultades con las que se encuentra nuestro NAS con la intención de evitarle peligros. Pero recordemos que ser altamente sensible no es ser débil. El mundo es siempre desafiante, complejo, y está demostrado que les perjudicamos al sobreprotegerles. Así les impedimos desarrollar una saludable resiliencia, siempre necesaria, no sólo para su etapa infantil, sino también para toda la vida. Afrontar los problemas fortalece a las personas. Aunque a algunos padres les cueste aceptarlo, nuestros NAS serán puestos *contra las cuerdas,* siendo instados durante su vida a tomar decisiones comprometidas. Al afrontar estas situaciones con nuestro acompañamiento, podrán volverse más maduros y fuertes a pesar de los temores iniciales. La idea es capacitarles para afrontar desafíos, extraer aprendizajes de ellos y salir airosos. Es muy importante que les eduquemos para vivir en un mundo real, con personas que mantendrán todo tipo de actitudes (tóxicas y saludables) y que, a menudo, resultarán hostiles. Pero así es la vida, y queremos vivirla del mejor modo posible.

Al alentar su autonomía y permitirles la experimentación, nuestros NAS desarrollan estrategias de afrontamiento. Como en todo, es necesario el equilibrio sin dejar de protegerles de acuerdo con sus edades. Tampoco queremos caer en actitudes negligentes. Un niño de 6.º de primaria (11-12 años), por ejemplo, puede ir solo al colegio caminando durante diez minutos en un barrio que no es conflictivo. Pero no sería prudente dejarle solo en una calle repleta de bares y adultos ebrios a las dos de la madrugada. Ponemos este ejemplo radical para evitar la ley del péndulo en la educación de nuestros NAS, que consiste en ir de un extremo educativo a otro.

Karina Zegers de Beijl, en su libro *Niños con alta sensibilidad,* aporta un buen equilibrio educativo al afirmar que «la línea entre la protección y la sobreprotección es muy fina. Creo que la protección es ayudar al niño a que descubra el mundo y sus propias capacidades, alentarlo sin que, como adulto, bajes la vigilancia con la cual el niño se sentirá apoyado y seguro. La sobreprotección frenará el desarrollo del niño por el hecho de que el educador va proyectando sus propios miedos e inseguridades en él, lo cual le hace incapaz de confiar en su capacidad, y le irá cortando las alas».[13]

Como ayuda para identificar una posible tendencia nuestra hacia un estilo de crianza sobreprotector, aquí tienes algunas preguntas de *coaching* para hacer consciente lo inconsciente:

- ¿Fuiste sobreprotegido en tu infancia y estás repitiendo el patrón?
- ¿Recibiste un trato indiferente y no quieres que tu peque pase por lo mismo?
- ¿Piensas que a tu NAS le falta autonomía y que continuamente hay que decirle lo que debe hacer?

Para terminar este apartado, es importante resaltar que la sobreprotección genera mayores niveles de ansiedad al sumarse la sensación de inseguridad y el temor recurrentes. También se asocia a una baja autoestima en los NAS, que crecen pensando que no son capaces de tomar decisiones y enfrentar desafíos comunes en su edad en un mundo considerado extremadamente amenazante.

Optar por un estilo de crianza permisivo

Además del estilo sobreprotector, existen otros estilos igualmente desaconsejados para educar a un NAS. Cuando descubrimos que nuestro peque es altamente sensible y se porta mal de forma recurrente, es fácil pensar: «Ya bastante tiene con ser sensible, lo que ha hecho tampoco es para tanto». Este estilo de crianza se caracteriza por ser afectivo y carente de límites y normas necesarias. Las consecuencias nocivas son varias, comenzando porque puede verse como el *centro del universo*. Cuando un NAS mantiene esa posición, es común que no acepte críticas ni tolere frustraciones, algo que dificultará sus relaciones con otras personas y que es fundamental para el desarrollo saludable de cualquier ser humano.

---

13. Zegers de Beijl, K. Z. (2019). *Niños con alta sensibilidad: Cómo entenderlos y ayudarlos a transformar sus diferencias en fortalezas*. La Esfera de los Libros, Madrid, pág. 155.

Según un estudio de Lionetti y su equipo de investigación, la crianza permisiva tiene consecuencias especialmente negativas en los NAS.[14] Esto es debido a que necesitan límites claros que los contengan y protejan como escudo emocional por su forma de ser altamente receptiva y sintonizada. Los NAS criados permisivamente pueden tender al comportamiento agresivo, a desobedecer reglas, al retraimiento, la ansiedad, la depresión o a manifestar quejas por causas físicas.

Estos peques experimentan un exceso de rumiación, que es considerado como la tendencia a reflexionar repetidamente sobre pensamientos negativos repetitivos. Pero al establecer reglas claras, saben qué se espera de ellos y por qué. Las reglas y los límites les ayudan a frenar esta rumiación y a disminuir el riesgo de sufrir enfermedades como la depresión.

Otro perjuicio común del estilo permisivo es justificar sus actitudes inadecuadas poniendo como excusa su rasgo. Corregir los desaciertos no es tarea fácil para algunos padres y madres, ya que viven la crianza con especial tensión. Pero es importante hacerlo para ayudarles a desarrollar el dominio propio y relacionarse adecuadamente con otras personas.

Resistirnos a adecuar nuestro estilo de crianza al rasgo

Cuando nos interesamos por la infancia altamente sensible, nos percatamos de la existencia de dos verdades en tensión de las que ya hemos hablado anteriormente. Por un lado, cada NAS es único e irrepetible porque su personalidad es fruto de diferentes variables como sus condiciones de vida, valores de su familia, gustos, aficiones y cultura de país, entre otras. Por otro lado, existen esas cuatro características comunes de las que ya hemos hablado y que Aron recoge bajo el acrónimo DOES, por sus siglas en inglés: *Deep of processing* (profundidad de procesamiento), *Overstimulation* (sobreestimulación), *Emotional responsivity and empathy* (reactividad emocional y empatía) y *Sensitivity to subtleties* (sensibilidad ante estímulos sutiles). Del rasgo neuropsicológico se derivan una serie de necesidades específicas habitualmen-

---

14. Lionetti, F., Aron, E. N., Aron, A., Klein, D. N., & Pluess, M. (2019). «Observer-rated environmental sensitivity moderates children's response to parenting quality in early childhood». *Developmental Psychology,* 55(11), 2389.

te experimentadas por una mayoría de los NAS. Por esto, es bueno introducir cambios en la crianza que consideren estas necesidades. El ritmo frenético dominante de la cultura occidental no sienta bien a los NAS. ¡Ni a nosotros tampoco! La presión social para ofrecer múltiples oportunidades y saturar la agenda de nuestros peques para que sean competitivos y exitosos en el futuro mercado puede tiranizarnos, ¿lo has sentido?

Nuestros NAS necesitan conocer los estresores que les provocan saturación. Deben parar en algunos momentos del día y aprender a escuchar su cuerpo, que les dirá cómo se encuentran realmente. Deben aprender a priorizar y seleccionar en qué invertir su energía, así como poner límites saludables que les protejan. Deben saber decir *no* a planes que no les apetezcan realmente para disfrutar de soledad buscada. A nuestros NAS les nutren muchas experiencias que, dosificadas adecuadamente, pueden llenar sus sentidos, como, por ejemplo, caminar descalzos en el césped o en la orilla del mar, o visitar una exposición de arte colorista, entre otras.

Plantear cambios en nuestro estilo de crianza puede generarnos resistencias, algunas de ellas motivadas por la pereza que supone movilizar la energía necesaria para la gestión de esos cambios. Esto es comprensible porque, como adultos, disponemos de una energía limitada. Sin embargo, te animamos a abrirte a la posibilidad de provocar pequeños cambios, poco a poco, según tu punto de partida particular. Te proponemos un proceso gradual, del que incluso podrás disfrutar si asumes que estos pequeños cambios son para mejor. Además, y como veremos en las siguientes páginas, la creación de hábitos nos ahorrará energía a medio plazo, gracias a la automatización.

En definitiva, nuestros NAS necesitan de un estilo de crianza alternativo que desafíe algunos patrones culturales de Occidente, como las prisas o el activismo desmesurado. Y quizás, llegados a este punto, te preguntes: ¿cuál podría ser una alternativa de crianza respetuosa con la alta sensibilidad de mi peque? Te lo contamos en el siguiente apartado.

Slow parenting para peques altamente sensibles

«Cuando el tiempo de las ciudades se adapta a los ritmos de los niños y las niñas, algo va bien. Lo que es bueno para ellos, es bueno para todas las personas. El tiempo de los niños es el presente. Ellos nos enseñan a vivirlo, a demorarnos en el juego de la vida. Con el paso de los años, nadie preguntará cuánto tiempo hemos tardado en hacer algo, sino ¿quién lo hizo?».[15] En el libro: *Despacio, despacio…* de María Novo, la autora relata su visita a la ciudad italiana de Fano. Allí, durante 1991, dio comienzo el proyecto internacional denominado «La ciudad de los niños», al que se adhieren ciudades que se comprometen a respetar el derecho de los más pequeños a tener un entorno amable. El creador de esta idea, Francesco Tonucci, se apoya en una importante premisa: los más pequeños son los más débiles del sistema, y aquello que favorece a los débiles, es bueno para todos los demás.[16] En este proyecto se considera que los habitantes más pequeños de las ciudades son un excelente indicador de sostenibilidad. Cuando los adultos escuchan las necesidades de los niños, ellos demandan calidad de espacios, conciliar los tiempos de trabajo y disfrute, calles en las que puedan caminar solos, plazas en las que puedan jugar y otros aspectos que atienden a una convivencia armónica. De esta forma, los llamados *consejos de niños y niñas* se reúnen periódicamente en cada ciudad y, una vez al año, presentan sus propuestas a la alcaldía. Estas actividades se trabajan desde las escuelas en más de cien ciudades en Italia, Argentina y España. En nuestro país, veinte ciudades se han adherido ya al proyecto, entre ellas, Alzira, Badalona, Gandía, Lleida, Reus o Móstoles. Al leer acerca de esta magnífica iniciativa, pensamos que *querer es poder*. Con este proyecto se demuestra que existen alternativas a la hora de gestionar la vida en las ciudades en las que nuestros NAS pueden sentirse bien.

Al igual que en el proyecto de «La ciudad de los niños», existen alternativas de modelos de crianza en los que también prima la calidad,

---

15. Novo, M. (2010) *Despacio, despacio… 20 razones para ir más lentos por la vida.* Barcelona, Ediciones Obelisco, pág.137.
16. Tonucci F. (1997). *La ciudad de los niños.* Madrid, Fundación Germán Sánchez Ruipérez.

como el *slow parenting*. Este modelo es contracultural, ya que pone en tela de juicio la tendencia a equiparar el éxito con la velocidad. También conocido como *la paternidad de la simplicidad*, el *slow parenting* pone el énfasis en comunicar a los peques que es más importante hacer las cosas bien, que hacerlas rápido. Es un modelo que ha demostrado ser muy beneficioso con niños hiperactivos, y pensamos que es ideal también para los NAS, debido a su tendencia a la saturación cuando tienen demasiadas exigencias. Evitar la sobreestimulación continua y favorecer una infancia tranquila son objetivos prioritarios.

No siempre será fácil seguir los consejos de este movimiento, especialmente cuando vivimos en ciudades sometidas a multitud de estímulos y mensajes que convierten la crianza en una carrera. Sin embargo, realmente tenemos más margen de transgresión cultural del que a veces nos permitimos. Podemos realizar pequeños cambios a favor del bienestar de nuestra familia. Un NAS que vive en un pico de sobreestimulación constante puede manifestar conductas recurrentes muy disruptivas como rabietas, mal humor, llanto, gestos violentos y otras expresiones que afectan negativamente a todos los miembros del hogar. En este sentido, las aportaciones del *slow parenting* serán de utilidad para la familia al completo. Los principales consejos de este movimiento son los cinco que te comentamos a continuación. Verás que son prácticos y bastante fáciles de seguir, un número limitado y asequible.

No saturar la agenda de tu NAS

En ocasiones, los padres y las madres tendemos a saturar la agenda de nuestro peque por varios motivos. A veces nos motiva el darle oportunidades para prepararlos para el mercado laboral tan competitivo que les espera. Otras veces, simplemente necesitamos mantenerlos ocupados tratando de conciliar con nuestra vida laboral. Buscamos que hable otros idiomas, que experimente deportes, aprenda a tocar instrumentos musicales, o realice otras actividades creativas. Así, le inscribimos en numerosas actividades con nuestra mejor intención y sin darnos cuenta de que nuestro NAS se satura antes que otros. La realidad es que la jornada escolar ya suele ser, por sí misma, muy demandante para ellos.

Hay PAS adultas que, dándose cuenta de esta tendencia a la fácil saturación, han decidido trabajar una jornada parcial de cuatro horas a la semana. Sabemos que no todo el mundo puede permitirse una reducción de horario laboral, pero el motivo es una mejor salud y mayor calidad de vida. Nuestros NAS pasan, de media, siete horas al día en el cole. Durante esa jornada escolar, hacen el esfuerzo de atender en clase y participar, además de relacionarse con sus compañeros enfrentándose a desafíos y conflictos; es normal que acaben muy cansados. Por ello, es aconsejable que las actividades extraescolares sean pocas y que estén bien escogidas para que no supongan una demanda más, sino para que le ayuden a recuperar el equilibrio perdido durante su extenuante jornada escolar.

Las actividades extraescolares que resultan más relajantes para un NAS dependerán de sus gustos y aficiones. A los extrovertidos suelen gustarles los deportes en equipo porque la relación con los otros niños *les carga las pilas*. Suelen salir como nuevos de este tipo de extraescolar. En esta línea, deportes como el fútbol, el voleibol o el baloncesto son ideales. También es muy recomendable la natación para los NAS, ya que el agua relaja su musculatura. Es conveniente que haya una distancia de al menos dos horas desde que finaliza la actividad física hasta que se acuestan para que no interfiera con el descanso. Otro tipo de actividad que les ayuda a sublimar y despejarse es la musical. Aprender un instrumento o lenguaje musical facilita su gestión emocional, les despeja y motiva. Los NAS también suelen disfrutar de la pintura o de las manualidades como herramienta de expresión artística. Esta suele ser la actividad favorita de los peques altamente sensibles introvertidos. Más allá de las actividades extraescolares y los deberes que suelen mandar en el cole para realizar en casa, lo ideal es darles tiempo para que jueguen libremente, lean y hagan pausas de descanso.

Hacer alguna comida al día juntos

Las comidas familiares son una costumbre que ya no se practica con tanta asiduidad como antaño. Hoy, a muchos les resulta más fácil comer o cenar delante de la televisión, sin hacer el esfuerzo de interactuar. Muchos debemos admitir que, cuando estamos cansados, es lo que más nos pide el cuerpo. Sin embargo, realizar alguna comida al día juntos como familia es un gran consejo de este movimiento, ya que alrededor de la mesa podemos comunicarnos sin pantallas e interesarnos por la vida de los demás. Si los niños están en el comedor escolar durante la semana, esta comida puede ser la cena, una oportunidad para preguntar cómo fue el día y escuchar a nuestros NAS relajadamente. Y esto puede dar paso a realizar después algún juego en familia o comentar juntos una lectura. Lo que hemos experimentado nosotras es que, a veces, queremos que nuestros hijos nos hablen mientras vamos con prisas y sin ofrecerles un momento adecuado para ello. Sin embargo, durante las comidas, es más fácil que se relajen y nos cuenten experiencias del colegio que no nos habían compartido hasta ese momento. Ellos captan cuándo les estamos dedicando tiempo y atención real, algo que les invita a abrirse. Y una comida sin prisas es un momento ideal para hacerlo.

Crear momentos de conexión especiales

En ocasiones, crear momentos de conexión especiales no es fácil por la falta de tiempo, más aún cuando tenemos una vida laboral muy activa. En este sentido, la conciliación de la vida laboral y familiar se convierte en un verdadero arte de malabares que requiere un uso estratégico del tiempo libre. Lo que más deseamos los progenitores es una vida equilibrada en la que, además de atender las necesidades de nuestro NAS, podamos también cuidar de nosotros mismos. Si nosotros estamos bien, los peques también lo están.

Cuando organizamos momentos de disfrute y relajación en los que, además, podamos también tener un tiempo de conexión especial, hablamos de generar lo que nos gusta llamar como *actividades dos en uno*. Te explicamos: son actividades en las que se cubren dos objetivos importantes, en primer lugar el de pasar tiempo de calidad con nuestro NAS, pero además despejarnos o hacer ejercicio para generar endorfinas (neurotransmisores de la felicidad), algo que necesitamos también como adultos. Una opción, por ejemplo, puede ser bailar con un juego de videoconsola tipo *Just Dance* frente al televisor, especialmente interesante cuando hace mal tiempo. En épocas estivales, las mejores son las actividades al aire libre como pueden ser un paseo por un parque, practicar algún deporte juntos o ir a la piscina. Otras ideas para crear estos momentos de conexión podrían ser merendar juntos y charlar, hacer alguna manualidad o juegos de mesa.

Los momentos de interacción con nuestros NAS pueden ir desde lo más cotidiano a algo más especial, todos tienen su valor. Un sencillo momento de conexión podría darse de camino al colegio mientras conversamos con ellos y les prestamos atención, evitando hablar por teléfono en ese momento. En ocasiones, tenemos estos tiempos disponibles para la conexión, pero nos cuesta conectar con ellos y mantener una comunicación fluida. La conversación también es un arte, especialmente cuando nos dirigimos a los niños. Algunas ideas prácticas que nos ayudan a conectar con los peques con los que nos relacionamos son, por ejemplo, al conversar, hacer preguntas abiertas que no se responden con un sí o no, sino que dan juego a explayarse. En ocasiones, les gusta escuchar anécdotas breves de nuestra parte que tienen que ver con sus inquietudes actuales. Por ejemplo, si tu NAS juega al baloncesto, le gustará escuchar sobre ese partido tan emocionante que jugaste cuando tenías su edad. A veces, nuestros intereses y *hobbies* pueden ser coincidentes, y otras no, pero interesarnos por lo que a ellos les apasiona, aunque a nosotros nos resulte indiferente, es una señal de atención y cariño que ellos agradecen mucho, aunque no lleguen a verbalizarlo. ¿Qué le interesa y gusta a tu NAS? Pídele que te cuente al respecto y seguro que lo hará encantado.

Por último, algo que ayuda no sólo a esta conexión, sino también a añadir disfrute a nuestras vidas es dejar salir nuestro niño interior. De esta forma, tu NAS y tu niño interior podrán conocerse y pasarlo bien juntos. Ya sabemos que los adultos tenemos vidas que incluyen responsabilidades y preocupaciones, está claro que hemos de hacernos cargo de ellas. Pero también es necesario liberar de vez en cuando a ese niño que llevamos dentro. Para ello, puedes recordar qué te gustaba hacer cuando eras peque y hacerlo con tu NAS buscando gustos coincidentes. Si te gustaba bailar, hazlo ahora junto a tu NAS. Si lo que te gustaba era pintar, monta un taller de pintura en el salón. Juega al escondite, haz una guerra de almohadas, construye un fuerte con cojines, sal al parque o tírate de la tirolina. Desarrollar esas habilidades lúdicas que quizás tenemos dormidas (pero que están dentro de nosotros) ayudará a que nuestro niño interior salga a la luz con toda su capacidad de disfrute. Démonos permiso para maravillarnos. Los niños tienen esa capacidad de asombro que los lleva a observar detenidamente un árbol enorme, o a apreciar los colores de arcoíris. Y especialmente los NAS que, como sabes, tienen *ojos para la belleza*. ¡Asómbrate con ellos de aquello que les llama la atención y déjate llevar!

Poner límites a las pantallas

Uno de los temas más desafiantes actualmente en la crianza es el uso de los dispositivos con pantallas: móviles, TV, ordenadores, *tablets* o consolas de videojuegos. Está claro que las pantallas han venido para quedarse y que no se trata de hacer vivir a nuestros NAS en un mundo diferente. Tampoco debemos cansarles con afirmaciones como: «Yo en mis tiempos jugaba con un palo y una piedra y era el niño más feliz del mundo». A ellos esto no les dice mucho y es importante que asumamos la realidad actual.

Una cuestión que nos gustaría compartir contigo es no demonizar las pantallas. Estas pueden aportar recursos lúdicos y educativos atractivos. Nosotras las usamos a menudo, por ejemplo, para que nuestros hijos aprendan matemáticas, repasen contenidos de la asignatura de lengua o para que escuchen audiolibros en otro idioma con el valor añadido de la pronunciación nativa. Por otro lado, Internet es un océano en el que hay islas, tesoros y sirenas, pero también piratas y tiburones que podrían lastimar la vida de nuestro NAS. Así que tampoco debemos ser ingenuos. El objetivo es minimizar daños y aprovechar los beneficios de la tecnología asumiendo que no podremos controlarlo todo. Sin embargo, es conveniente imponer límites para las pantallas en niños de edades de Primaria, una etapa educativa clave previa a la adolescencia, en la que muchos chicos desarrollan una peligrosa adicción a estos dispositivos. Un dato inquietante es que una gran parte de los adolescentes pasan ya más tiempo delante de una pantalla que durmiendo.

Como padres de NAS, debemos tener especial cuidado ya que las pantallas tienen un gran poder sobreestimulante, y sabemos cuánto puede dañar eso a nuestros peques. Es importante realizar una gestión consciente y no asumir una postura pasiva. En ocasiones se malentiende que, como son nativos digitales y nosotros no, ellos saben más. Que tu peque se desenvuelva con más facilidad con estos dispositivos que tú, no significa que sea capaz de hacer un buen uso de las pantallas. Por muy hábiles que sean con la tecnología, no tienen aún suficiente criterio, necesitan de tu supervisión y guía. Como padres y madres somos responsables de decidir *el menú digital* de nuestros hijos así como la cantidad de tiempo de uso de dispositivos. Debemos aportarles pautas y reglas adaptadas a diferentes momentos del curso escolar. Un buen criterio de uso será fruto de la educación que nosotros le ofrezcamos. Lo mejor que podemos hacer por ellos es ayudarles a desarrollar un pensamiento crítico y fomentar su futura autorregulación. Un ejemplo de buena práctica es acompañarlos en algunas búsquedas en Internet y comentar los resultados con ellos.

Una pregunta común con el tema de las pantallas es a qué edad se recomienda que tengan su primer móvil. En una entrevista a Bill Gates,[17] magnate de la tecnología, revela que prohibió a sus hijos usar teléfonos móviles hasta los 14 años. Él sabía mejor que muchos cómo funciona Internet, sus algoritmos y sus peligros. El motivo de su medida es que hasta esa edad los adolescentes no son lo suficiente maduros emocionalmente para gestionarlo sin un exceso de peligro. Cuánto más para un NAS. Una forma de retrasar el móvil hasta esa edad y que nuestros peques puedan tener autonomía para caminar por la calle solos, es ofrecerles un reloj con localizador GPS y llamadas a números seleccionados limitados. Este tipo de relojes o de *smartwatch* permiten al NAS recibir y realizar llamadas a unos pocos números de teléfono establecidos (normalmente a los de sus padres) para comentar o avisar de algún contratiempo. De este modo, podemos responder a la autonomía que nos demandan con cierta seguridad.

Tener un control parental de los dispositivos que ellos usan es fundamental para su protección. Hay varias opciones. Cuando abordamos el tema de los límites a las pantallas hemos de decir que los peques aprenden especialmente del ejemplo de los padres, madres y educadores. Lo que más les habla no es tanto lo que le decimos, sino aquello que ven en nuestras vidas como adulto. Hemos de hacer un uso consciente de la tecnología. Si quieres limitar y controlar el tiempo que inviertes

17. Retter, E. (21 abril, 2017). *Billionaire tech mogul Bill Gates reveals he banned his children from mobile phones until they turned 14.* Mirror. Recuperado de www. mirror.co.uk/tech/billionaire-tech-mogul-bill-gates-10265298

delante de la pantalla de tu móvil, te recomendamos alguna aplicación gratuita para tu autocontrol como adulto.

Según la Asociación Americana de Pediatría, los peques entre 7 y 11 años deberían ver pantallas una hora al día como máximo y noventa minutos a partir de los 12 años (esto incluye ordenador y TV).[18] Los motivos por los que se nos insta a los padres y madres a restringir el uso es para evitar los altibajos emocionales que puede provocar la exposición a la luz que estos dispositivos emiten, lo cual es aún más importante en un NAS.

Una última recomendación en la línea del *slow parenting* es la creación de espacios y tiempos de calidad en familia sin tecnología de por medio. Está bien hacer alguna foto de una excursión, por ejemplo, o una llamada que es importante. Pero es mejor tener el móvil lo menos presente posible y no enfriar la experiencia por pasarla *a modo grabación* de vídeo o foto a cada rato. Vivir el presente de esta forma ayuda a disfrutar juntos más plenamente. Algunas sugerencias para realizar actividades familiares sin tecnología pueden ser las que te mostramos en el apartado siguiente.

Realizar actividades familiares periódicamente

Las actividades familiares serán bonitos recuerdos para atesorar durante toda una vida. A los peques les suele encantar verse en los álbumes de fotos disfrutando de esas actividades familiares junto a sus padres. Son imágenes que les hablan de atención, tiempo de calidad y del disfrute de la vida juntos. Una de las claves para que estas actividades tengan éxito es que sean del interés de todos los miembros de la familia. Esto a menudo implica una *negociación* previa, especialmente cuando los gustos son dispares. Los fines de semana suelen ser ideales para este tipo de actividades siempre y cuando sea cierto que tenemos más tiempo libre. Algunas ideas serían actividades de ocio gratuito en centros culturales o bibliotecas municipales, senderismo con otras familias, comidas espe-

---

18. Citado en Gonzalvo Aparicio, L. *et al.* (2022, 15 de agosto). «Uso de pantallas en la infancia. Recomendaciones». *Revista Sanitaria de Investigación*. Recuperado de https://revistasanitariadeinvestigacion.com/uso-de-pantallas-en-la-infancia-reco-mendaciones/

ciales, visitas a museos, eventos deportivos, obras de teatro para toda la familia o una salida a la nieve.

Nuestros hijos aún están interesados en realizar actividades familiares con nosotras. Pero somos conscientes de que, poco a poco, los amigos de su edad irán tomando mayor protagonismo en sus vidas personales. Es normal y saludable, aunque produce un sentimiento agridulce. Este sentimiento de nostalgia debe motivarnos a seguir creando momentos especiales en familia, a valorar más el presente, a pensar que, cuando nuestros hijos sean adultos, recordaremos los buenos momentos de su infancia. El pasado ya se fue, el futuro es incierto y el presente es un regalo. Es aquello que siempre tenemos. Así que, ¡disfrutemos de las actividades familiares que nos ayuden a conectarnos unos con otros! Aunque sean breves, todos los buenos momentos cuentan. La vida está compuesta de etapas. En esta etapa, criamos a los NAS de primaria. Este período pasará. Ellos nos necesitarán menos conforme vayan creciendo y podremos entonces prestar más atención a otros intereses personales. ¡Aprovechemos estos años para hacer actividades juntos!

¿Qué te han parecido estas sencillas recomendaciones desde el *slow parenting*? Por experiencia, poner en acción estos consejos resulta de gran ayuda en el día a día. Reducen ese incómodo sentimiento de culpa que muchas veces tenemos los padres y madres por no prestar la suficiente atención a nuestros NAS. Así, al incorporar estos cinco consejos básicos en nuestra cotidianidad, garantizamos una estructura flexible para poder ejercer una crianza más consciente y satisfactoria. Seguirlos nos permitirá mirar atrás y esbozar una sonrisa. Si creas un hábito de algunas estas propuestas, ¡estamos seguras de que verás cambios a mejor! Aunque quizá tu siguiente pregunta sea: ¿y cómo hago para crear un hábito? Te lo contamos en el siguiente capítulo.

4

Cómo construir hábitos coherentes con su alta sensibilidad

El poder de los hábitos en la crianza respetuosa

Se dice que en torno al 40 % de nuestras conductas cotidianas son hábitos. Podríamos definir los hábitos como conductas automatizadas. Por ejemplo, si pensamos en nuestra vida como adultos, un buen ejemplo que nos ayuda a comprender el funcionamiento de los hábitos es el proceso de aprendizaje de la conducción de un coche. Aprender a conducir puede ser una tarea lenta, al principio tendremos que pensar constantemente si nos toca pisar el acelerador o el embrague y fallaremos a la hora de poner las marchas. Después, poco a poco, al ir practicando las instrucciones del profesor, iremos dándonos cuenta, según el sonido del motor y la velocidad del coche, de qué marcha requiere cada trayecto. Con la práctica, el hábito de la conducción llega a consolidarse hasta tal punto que no es necesario pensar de forma consciente qué pedal pisar o a qué marcha cambiar. Así, la conducción en muchos de nosotros ha pasado de ser una experiencia peligrosa y estresante a ser placentera en muchas ocasiones. Al crear el hábito y realizar menos esfuerzo consciente, cada vez podemos enfocarnos más en lo positivo de conducir, como, por ejemplo, la posibilidad de desplazarnos de forma autónoma y en poco tiempo a ciertos lugares. Al igual que, a base de la repetición, una actividad como la conducción puede pasar de necesitar ser completamente consciente a automatizarse y volverse inconsciente, hay otros hábitos en nuestra vida que nos ayudan en el día a día y liberan la mente del esfuerzo consciente.

¿Puedes pensar en buenos hábitos que te ayudan de forma cotidiana? Seguro que, si lo piensas unos minutos, te vienen a la mente varios ejemplos de hábitos que hacen tu vida más fácil y a la vez satisfactoria, ya que te permiten accionar tareas que están alineadas con tus valores y aportan coherencia a tu vida. Pues bien, lo que te queremos proponer en este libro práctico es que puedas beneficiarte de la creación de algunos hábitos concretos en tu rol como progenitor o educador de NAS. La gran ventaja de los hábitos de crianza respetuosa es que nos permiten asumir los desafíos de la educación con menos esfuerzo. Automatizar ciertas prácticas que ayuden a nuestros peques a saber gestionar su rasgo de personalidad y que este juegue a su favor es uno de los mejores regalos que les podemos hacer como progenitores. Esto contribuirá a su felicidad y bienestar no sólo en la infancia, sino también durante el resto de su vida si se adquieren adecuadamente. Para crear hábitos coherentes con la alta sensibilidad es necesario un buen sistema de adquisición de hábitos. Por eso, antes de compartir hábitos concretos y adecuados a la crianza de los NAS, te explicamos cómo crearlos.

Desarrollando hábitos en nuestros NAS

Cuando profundizamos en el poder de los hábitos, llegamos a la conclusión de que somos la consecuencia de lo que hacemos a diario. Esto es aplicable tanto a nuestros hábitos personales como a nuestro estilo de crianza, que está compuesto por hábitos tanto buenos como revisables, ya que no existe ningún progenitor perfecto. De una forma sencilla, podríamos afirmar que el proceso de creación de hábitos está compuesto por tres fases:

1. El estímulo que promueve el inicio de la conducta
2. La acción en sí misma
3. La recompensa

En primer lugar, está el estímulo o desencadenante que promueve el inicio de la conducta. Hablamos de una actividad que funciona como pistoletazo de salida para arraigar un hábito. En este momento inicial, es fundamental hacer partícipe a nuestro NAS del hábito a conseguir. Es importante que procuremos que esta actividad desencadenante resulte atractiva para nuestro peque. Además, es recomendable que la actividad esté cargada de significado, es decir, que nuestro NAS entienda el porqué de su realización y qué es lo que queremos conseguir con ella.

En segundo lugar, está la acción llevada a cabo de forma consistente. Como ya hemos comentado, es importante que la actividad se repita en el tiempo para que podamos hablar de un hábito que transforme para bien la vida de tu NAS. Si nos limitamos a una mera actividad aislada, no generará ningún cambio. Para poder crear cualquier hábito de crianza respetuosa es necesaria la repetición hasta que el patrón se quede grabado en el cerebro de tu NAS mediante conexiones neuronales. Nuestra experiencia es que los primeros días es un proceso intencional que requiere un esfuerzo extra, no se automatizan los comportamientos de la noche a la mañana como nos gustaría. Por eso hace falta perseverar, aunque tengamos altibajos. En muchas ocasiones el éxito dependerá más del padre o de la madre que del NAS. Te animamos a asumir la creación del hábito como tu responsabilidad, no esperes la iniciativa de tu NAS.

Por último, en tercer lugar, está la recompensa, que es el beneficio que obtenemos tras la acción. Por ejemplo, si el hábito ha consistido en la repetición de una serie de estiramientos con cierta frecuencia, los beneficios son muchos: relajación muscular, prevención de contracturas, sensación de alivio de tensión acumulada a nivel psicológico, descanso, etc. En cuanto al tiempo que se requiere para instaurar un hábito, lo más realista es afirmar que cada uno es diferente y hay varios factores en juego, como el estado de ánimo de la persona, el tipo de hábito que se quiere crear, las condiciones para hacerlo, etc. Es habitual que muchas personas tarden un mes en la creación y que la consolidación de este suponga en total tres meses, pero estos parámetros temporales son sólo orientativos, y no se dan en todos los casos. Si tardas más, no importa, lo fundamental es que puedas obtener los beneficios que implican los hábitos que te presentamos a continuación, no el tiempo que tardes en incorporarlos a tu crianza.

Consejos para introducir los hábitos

Nuestra recomendación es que vayas poco a poco y no pretendas abarcar demasiado de una sola vez. Comienza con un hábito y ve incorporando otros después, sin empezar con uno nuevo hasta que el anterior haya sido completamente asimilado por tu NAS. Reforzar los beneficios del nuevo hábito y felicitarle serán claves para que se consolide. Una vez que leas alguno de los bloques que te proponemos en la segunda parte de este libro, te animamos a pensar cuál de los hábitos presentados es prioritario según las necesidades y dificultades que observas en tu NAS. Cuando lo hayas trabajado y repetido, persiste hasta que lo veas automatizado. A continuación, puedes pasar al siguiente bloque y así comenzar trabajando un hábito de cada área en una primera lectura.

Este libro está enfocado en promover hábitos en los NAS de entre 6 y 12 años. A lo largo de este período, es muy probable que las necesidades de tu peque cambien según la edad. Es posible que a los 6 años tu peque tenga una serie de desafíos y necesite unos determinados hábitos que serán diferentes de los que requiera los 11 años. Una pregunta que te puedes hacer y que ayuda mucho a la hora de elegir los hábitos que más se adecúan a tu peque es la siguiente: ¿para qué quiero fomentar este hábito en mi peque, qué me gustaría conseguir con ello? Esta pregunta es clave para enfocar un objetivo de crianza SMARTER que oriente los siguientes pasos dentro de tu plan de acción. Como ya te explicamos, las siglas de SMARTER en inglés hacen referencia a las características de un buen objetivo y son las siguientes: específico, medible, alcanzable, realista, temporalizado, ecológico y que resulte recompensante. Por ejemplo, imaginemos que tu NAS está próximo a hacer la transición del colegio al instituto y quieres prepararle para ello porque has observado que, como le ocurre a muchos NAS, no lleva muy bien los cambios. En este caso, un objetivo de crianza consciente podría ser: ayudarlo en la gestión de cambios. En la segunda parte de este libro, encontrarás un hábito en concreto que puede ayudarte a conseguir trabajar ese objetivo con él.

Otro de los consejos para introducir hábitos es poner el foco en el comportamiento, es decir, en la acción en sí. Es tentador poner la atención en los resultados que queremos obtener porque estamos deseando que se manifiesten, pero como ya hemos comentado, no será un cambio de la noche a la mañana, sino un proceso. El desapego a los resultados del que tanto hablamos en *coaching* es de gran ayuda, ya que nos resta presión sin renunciar a nuestros deseos. Desapego significa comprometerse con el camino más que con la meta y estar presente en el día a día de la crianza.

Esta presencia de la que te hablamos se puede cultivar de diversas maneras. Concretamente, en la creación de hábitos, intenta imaginar la acción que implica, desde la perspectiva de tu NAS, dejando intencionalmente tu punto de vista. Te animamos a hacer esto todos los días durante el tiempo que dura el proceso de creación del hábito, y así conectar con él de una forma especial, primero en tu interior y luego en la comunicación interpersonal. Desde ahí, es conveniente también que puedas reforzar los beneficios que vas viendo al realizar la actividad y comentándolos de forma distendida con tu NAS. Por ejemplo, un comentario en esta línea podría ser: «¿Te das cuenta de que cuando haces ejercicios de relajación estás más tranquilo al acabar?». Lo que aprendemos mediante la experimentación no tiene precio. Lánzate a fomentar uno de los hábitos en tu NAS y observa qué ocurre. Estamos seguras de que será una experiencia positiva para ambos.

Revisar antiguos hábitos de crianza

Si hablas con un jardinero, te contará que para plantar algo nuevo se necesita preparar la tierra, sacando las malezas y piedras. Esto hará que el lugar donde se depositan las semillas sea el adecuado. Así también nosotros, como progenitores, tenemos que revisar nuestros hábitos de crianza previos al conocimiento del rasgo de la alta sensibilidad. Antes de conocer que nuestro peque es un NAS, teníamos una serie de hábitos de crianza, algunos de ellos conscientes y construidos de forma intencional y otros de forma inconsciente. Reflexionando como madres sobre este tema de una forma honesta, llegamos a la incómoda conclusión de que algunos de nuestros hábitos de crianza inconscientes no son beneficiosos para nuestros hijos, son *mala hierba,* fruto del desconocimiento. Algo que nos ayuda es pensar que lo hicimos lo mejor que pudimos con lo que sabíamos en el momento. Y ahora, ¿qué hacemos con esta sensación de no estar dando en el blanco? Lo más útil es trascender la emoción de culpa que acompaña a la crianza en ocasiones, y entender que esta trae un mensaje en positivo: revisa y cambia hábitos antiguos que no suman por otros que sí lo hacen y están especialmente diseñados para tu NAS. ¡Qué alivio!, ¿verdad? Veamos una hoja de ruta para hacer esto. Te proponemos la siguiente dinámica que te ayudará a *preparar la tierra* antes de leer la segunda parte del libro y a disfrutar posteriormente del fruto que esperas ver en tu nueva etapa de crianza especializada y consciente.

Como verás a continuación, la segunda parte está organizada en cuatro bloques. El primero de ellos está enfocado en los hábitos de autocuidado físico y la importancia de que tu NAS aprenda a escuchar los mensajes que le manda su cuerpo. Esta escucha activa es importante para cualquiera, pero en especial para las PAS, ya que nos saturamos antes que otros. En ocasiones, intentando cumplir las expectativas culturales de Occidente, llenamos nuestra agenda de actividades interminables y hacemos lo mismo con la agenda de nuestros hijos. El cerebro va adelante, pero el cuerpo *se queja* y da señales. Para prevenir la enfermedad y aprender a recuperar el estado de equilibrio es muy importante que nuestros peques aprendan a escuchar y cuidar su cuerpo. ¿Hay algún hábito de tu crianza actual que imponga un ritmo excesivo sobre el cuerpo de tu peque? Revisa el estado actual de tu NAS con la ayuda de estas preguntas, respondiendo sí o no:

1. ¿Tu peque se alimenta adecuadamente?
2. ¿Duerme las horas necesarias según su edad?
3. ¿Realiza pausas a lo largo del día que le ayuden a recuperar el equilibrio?
4. ¿Realiza el ejercicio que necesita?

5. ¿Su agenda semanal está bien diseñada y evita su saturación por sobrecarga?
6. ¿Usa estrategias de autocuidado que le ayudan a liberar tensión?

Nuestra propuesta concreta una vez que has respondido sinceramente a estas preguntas, es que en aquellas en las que la respuesta es negativa, puedas revisar tus hábitos y sustituirlos por los que te proponemos. De esta forma podrás ver mejoras y avances en tu estilo de crianza. Por ejemplo, pongamos que tu respuesta a la pregunta número dos es que no y tu peque no está durmiendo lo suficiente, algo que es común en la sociedad en la que vivimos. Esto afecta negativamente a su aprendizaje, estado de ánimo y relaciones interpersonales. Por ello, la Academia Americana de Medicina del Sueño ofrece guías para el tiempo sugerido de sueño en los niños: en los primeros 2 años de vida, 11-14 horas diarias; entre los 3 y los 5 años, 10-13 horas; entre los 6 y los 12 años, 9-12 horas diarias y entre los 13 y los 18, 8-10 horas.[1] Estos intervalos están pensados para cualquier peque, pero son especialmente importantes para un NAS debido a la tendencia a la saturación vinculada a la alta emocionalidad y al torrente de información recibida mediante los sentidos que gestionan. El sueño les ayuda a *archivar en carpetas* toda esa información, por así decirlo. En este caso, necesitarás poner en marcha un plan de acción para crear en tu peque hábitos de sueño saludables que le ayuden a descansar y estar preparado para su día.

El segundo bloque está enfocado en los hábitos de autocuidado cognitivo y animarle a que cuide su mente. Cada uno de nosotros somos la persona con la que más hablamos de este mundo. Por ello, es importante que, desde temprana edad, tu NAS pueda tomar conciencia de su diálogo interior. ¿Lo que se dice a sí mismo le ayuda o le hunde? La buena noticia que trae este bloque es que los pensamientos y creencias que tiene tu NAS se pueden gestionar, no es víctima de ellos. Esto no significa que vayan a ser todos positivos, sino que podemos trabajar en

---

1. Paruthi, S., Brooks, L. J., D'Ambrosio, C., Hall, W. A., Kotagal, S., Lloyd, R. M., & Wise, M. S. (2016). «Recommended amount of sleep for pediatric populations: a consensus statement of the American Academy of Sleep Medicine». *Journal of Clinical Sleep Medicine,* 12(6), 785-786.

aquellos que le obstaculizan y limitan. Si aprenden a cuidar de su mente desde pequeños, se ahorrarán bastantes dolores de cabeza.

Te animamos a que hagas memoria de conversaciones significativas con tu NAS sobre su forma de gestionar sus pensamientos. Revisa su realidad actual con la ayuda de estas preguntas, respondiendo sí o no:

1. ¿Manifiesta una sana autoestima mediante su comportamiento y forma de hablar sobre sí mismo?
2. ¿Suele tener una actitud positiva ante los desafíos de su día a día?
3. ¿Gestiona bien los cambios?
4. ¿Se esfuerza por hacer bien las tareas, sin autoexigirse perfección?
5. ¿Verbaliza pocas creencias que le limitan?
6. ¿Tiene espacios para estimular su creatividad?

Nuestra propuesta concreta, una vez que has respondido sinceramente a estas preguntas, es que puedas revisar tus hábitos en aquellas áreas en las que la respuesta es negativa y sustituirlos por los que te proponemos en el segundo bloque.

El tercer bloque está enfocado en los hábitos de autocuidado social. Este conjunto de diez hábitos pone el acento en la importancia de las relaciones sociales de tu NAS, partiendo de la base de que todos somos seres sociales y necesitamos tener relaciones enriquecedoras para sentirnos felices. El grado de sensibilidad de nuestro peque en comparación con el de otros niños y niñas marca una diferencia que hay que aprender a gestionar a la hora de desarrollar relaciones interpersonales saludables. Para algunos peques esto es todo un desafío, pero con nuestro apoyo consciente se lo pondremos más fácil. La realidad es que hay ocasiones en las que podrá elegir con quién se relaciona, como en el tiempo libre. En otras, no podrá hacerlo, como es el caso de algunos compañeros de clase que no le caen bien, por ejemplo. Este tipo de relaciones desafiantes serán una gran escuela para nuestros NAS.

Revisa la realidad actual de tu peque con la ayuda de estas preguntas, respondiendo sí o no:

1. ¿Sabe que es diferente en algunos aspectos, pero no por ello peor que otras personas?

2. ¿Puede ejecutar bien tareas al sentirse observado/a o evaluado/a?
3. ¿Da y recibe en sus relaciones con otros niños de forma más o menos equilibrada?
4. ¿Sabe decir no cuando una propuesta no le apetece o no le viene bien?
5. ¿Tiene buenos/as amigos/as?
6. ¿Sabe cómo resistirse a la manipulación de parte de otras personas que quieran aprovecharse de él/ella?
7. ¿Sabe cómo gestionar la alta empatía que siente de forma saludable sin practicar la desconexión emocional? Es importante aclarar que por desconexión emocional se entiende la dificultad para identificar y experimentar diversas emociones. Puede llegar a englobar muchas dificultades emocionales, como, por ejemplo, represión, negación, bloqueo, enganche o desconocimiento de nuestras propias emociones.
8. ¿Gestiona bien el estrés?

Nuestra propuesta concreta, una vez que has respondido sinceramente a estas preguntas, es que en aquellas en las que la respuesta es negativa, puedas revisar tus hábitos y sustituirlos por los que te proponemos en el tercer bloque.

El cuarto y último bloque está enfocado en el autocuidado emocional, un tema crucial cuando hablamos de criar a los NAS, ya que una de las características principales del rasgo tiene que ver con la alta emocionalidad. Este pilar de la alta emocionalidad consiste en sentir intensamente las emociones tanto agradables como desagradables. Cuando un NAS no ha creado este tipo de hábitos que le ayudan a realizar una gestión emocional consciente, vive en una verdadera *montaña rusa emocional* agotadora y se siente rehén de sus propias emociones. En muchas ocasiones, el dar rienda suelta a sus emociones desagradables puede generarle problemas de salud como, por ejemplo, ataques de ansiedad en una situación extrema. En otras, los problemas se dan en el terreno de las relaciones con otras personas que terminan hartas de sus explosiones emocionales inesperadas. La buena noticia es que la inteligencia emocional se puede desarrollar y cuanto antes se trabaje, mejor.

Reflexiona sobre las siguientes preguntas con respecto a tu NAS:

1. ¿Tiene el suficiente vocabulario para expresar sus emociones verbalmente?
2. ¿Vive con naturalidad sus emociones desagradables y las acepta?
3. ¿Sabe cómo regular sus emociones desagradables, como pueden ser el miedo o la culpa, entre otras?
4. ¿Tiene expectativas realistas con respecto a lo que puede esperar de otras personas?
5. ¿Tiene ninguna o pocas rabietas?

Nuestra propuesta concreta una vez que has respondido sinceramente a estas preguntas, es que en aquellas en las que la respuesta es no, puedas revisar tus hábitos y sustituirlos por los que te proponemos en el cuarto bloque.

Obstáculos en la construcción de hábitos

Hay mucha bibliografía acerca de los hábitos, aunque es cierto que no existen realmente fórmulas mágicas. Sin embargo, sí hay algunos aspectos que nos gustaría compartir contigo para facilitar la creación de hábitos. Con este objetivo en nuestra mente, te contamos algunas claves que conviene saber de antemano y que te ayudarán a instaurar algunos hábitos de crianza respetuosa que harán más amable y fácil tu día a día como madre, padre o educador.

Una de las claves para formar hábitos de crianza es la repetición que da paso a la automatización. En nuestra *cultura del microondas,* en la que nos gusta obtener resultados rápidamente, este tema de la repetición no nos gusta nada, nos da pereza. Pero la creación de hábitos es un proceso, no un suceso. Pensamos que no tenemos tiempo como para estar repitiendo acciones hasta que se automatizan y las hacemos prácticamente sin pensar. Queremos platos ricos en dos minutos. Pero los hábitos no funcionan así, se cocinan a fuego lento porque nuestro cerebro necesita un proceso de automatización. Reconozcamos que, al igual que en la cocina no sabe igual un plato hecho en dos minutos que otro cocinado en hora y media, que está mucho más sabroso, tampoco en la creación de hábitos lo más rápido es lo mejor. Así que, hagamos como cuando la ocasión lo merece e invertimos el tiempo necesario buscando un bien mayor. En este sentido, estarás de acuerdo con nosotras en que el bienestar de nuestros NAS es un bien mayor.

Otro de los aspectos evidentes es la importancia de la motivación y la fuerza de voluntad, es decir, el deseo y la perseverancia. Como podrás apreciar, este segundo aspecto está íntimamente relacionado con el primero y responde a una pregunta importante que nos podemos hacer como padres, madres y educadores: ¿cuán importante es para mí construir nuevos hábitos de crianza dentro de mi escala de valores? Los padres y las madres de hoy en día tenemos varios frentes abiertos y poco tiempo libre, nosotras como madres trabajadoras lo experimentamos a diario, la conciliación es un arte y un desafío. Nos gustaría con este libro aportarte una herramienta que te ayude a resignificar tu falta de tiempo. Precisamente lo que pretendemos con estos hábitos es ahorro de tiempo y esfuerzo una vez que la automatización sea una realidad. Estos hábitos también te harán disfrutar más de tu rol como madre o padre, porque serás capaz de comprender y conectar mejor con tu NAS, además de evitar algunos conflictos y frustraciones. No es lo mismo, por ejemplo, saber cómo acompañarle en una rabieta en plena calle, con la tensión que se siente, que no saber gestionarla. Si tu NAS aprende a gestionar los momentos previos y a encaminar esa frustración o enfado que siente, conseguiremos que esa conducta se extinga por completo. Creemos que, a fin de cuentas, los hábitos de crianza respetuosa que te proponemos son, en realidad, una inversión a largo plazo. Te animamos a esforzarte en ellos hasta que se automaticen, cuando veas los resultados te sentirás satisfecho.

Como sabemos, todo empeño trascendente y con buenos resultados implica la superación de una serie de obstáculos en nuestro camino. En *coaching* nos gusta sacarlos a la luz de forma anticipada, para que cuando hagan su aparición a la hora de accionar los hábitos, tengamos estrategias para superarlos y no nos pillen desprevenidos, desmotivándonos. Por ello, a continuación, compartimos contigo dos obstáculos que pueden surgir en el proceso de creación del hábito para que estés atento y preparado para su posible aparición.

El primero de ellos es el denominado doble vínculo, esto es: lo quiero, pero no lo quiero. Se trata de una ambivalencia que me hace desear algo para mi NAS y lo contrario a la vez. Esto puede deberse a que estoy en proceso de formación de un criterio en cuanto a lo que es mejor para él y aún no he salido de la duda. Detrás del doble vínculo también pueden estar los temores irracionales a posibles consecuencias de nuestras conductas y que nos dificultan tomar decisiones. Son los famosos: ¿y si hago esto y ocurre aquello que no espero? Lo que podemos recomendarte como madres, sin pretender saberlo todo, es que sigas tu intuición y pongas en práctica aquellos hábitos que crees que pueden ser beneficiosos para tu NAS con la confianza de que serán para bien.

Otro de los obstáculos es la falta de motivación que sentimos cuando consideramos que un hábito no tiene sentido para incorporarlo en nuestra crianza. Esto es comprensible, por eso no te proponemos que acciones cada uno de los hábitos que te vas a encontrar en las siguientes páginas, sino sólo aquellos que tú consideres que responden a una necesidad manifiesta o carencia de tu NAS. Para ello, sólo tienes que revisar las preguntas de antiguos hábitos de crianza que te ayudarán a elegir cuáles son necesarios incorporar y cuáles no. Tu esperanza por ver los resultados y el sentido que puedas encontrar al hábito en cuestión serán un motor que te ayude a perseverar en el proceso de creación que, como sabemos, requiere paciencia.

Tu plan de acción para crear nuevos hábitos de crianza

Para realizar este trabajo educativo te vendrá bien tener un plan de acción en el que puedas responder a una serie de preguntas que te ayudarán a ponerte en marcha y que no se quede en meras intenciones o buenos deseos. Las preguntas habituales que solemos hacer en los procesos de *coaching* en relación con el plan de acción son: ¿qué vas a hacer concretamente?, ¿cuándo vas a hacerlo?, ¿qué obstáculos podrías encontrar y cómo vas a superarlos?, ¿con qué personas tienes que contar además de tu peque y tú?, ¿cuál es tu grado de compromiso para llevar a cabo este hábito del 0 al 10?, siendo 0 nada de compromiso y 10 el grado más alto.

Te animamos a volver sobre estas preguntas cada vez que te propongas crear un nuevo hábito de los que encontrarás en la segunda parte de este libro. Las respuestas a estas preguntas te ayudarán a planificar y enfocar la construcción de cada hábito, facilitando que te pongas en marcha para ver los cambios que anhelas.

Para propiciar la reflexión y construcción de nuevos hábitos de crianza, hemos preparado un formulario de plan de acción que compartimos contigo en el anexo que encontrarás en las últimas páginas del libro. Úsalo tanto como lo necesites. Esperamos que te sea de ayuda.

SEGUNDA PARTE

BLOQUE 1
Hábitos de autocuidado físico.
Enséñale a escuchar el cuerpo que habita

Introducción

Como cualquier otra PAS, tu peque tiene una serie de características propias de su personalidad que interfieren en su día a día a nivel físico. Algunas son positivas, son a las que nos referimos como *luces*, pero otras son negativas, las *sombras*. Las luces le ayudarán en su día a día, las sombras tenderán a poner obstáculos en su camino. Sin embargo, es importante que sepas que puedes ayudarle a incrementar el potencial de sus luces, para que sean aún más favorecedoras y disminuir el efecto de las sombras, para que su perjuicio sea menor.

Antes de mostrarte cómo puedes hacer esto, profundicemos en cuáles son las luces y las sombras que puedes reconocer en tu peque de una forma más detenida. Recuerda que no todas pueden haberse desarrollado completamente en tu peque, de modo que tendrás que identificar aquellas cuya presencia en él sea mayor. Posteriormente, trataremos de potenciar las luces que no están del todo desarrolladas, y de reducir el impacto de las sombras más presentes.

Luces del NAS en el nivel físico

Comencemos con las luces. En primer lugar, es importante conocer que la elevada sensibilidad de tu peque le ayuda a estar conectado de una forma especial con su cuerpo. Él tiene una mayor capacidad para detectar las señales del cuerpo que indican un funcionamiento incorrecto o necesidad. Es muy importante ayudarle a detectar y escuchar estas señales para poder actuar en consecuencia y conseguir que su cuerpo funcione en plenitud y alcance un estado de bienestar físico. Además de esto, el cuerpo de un NAS tiende a una mayor respuesta a los cuidados que se le brindan. No sólo una mayor respuesta, sino también más satisfactoria. Enseñarle a que cuide su cuerpo le proporcionará una serie de recompensas que impactarán en el resto de áreas y en su vida en general.

Como parte del rasgo, los NAS tienen sus sentidos más desarrollados. Los estímulos percibidos a través de la vista, el gusto, el olfato, el oído o el tacto llevan más información a su cerebro de la que llega a una persona con una sensibilidad media o baja. Esto supone un importante beneficio del que podemos sacar mucho partido. Por ello, potenciar la experiencia sensorial de tu NAS puede resultar para él un importante beneficio. Pero no se trata únicamente del beneficio en cuanto al conocimiento de su alrededor, cuya importancia no negaremos, sino que además, la experiencia sensorial puede ser también una fuente de disfrute. Las PAS disfrutamos utilizando nuestros sentidos como una vía para captar la belleza a nuestro alrededor. Esto es más notorio aún cuando nos encontramos en un ambiente natural. La naturaleza es un elemento esencial en la vida de un NAS, que, por lo general, resulta una fuente de energía y de recarga. Es posible que no te hayas dado cuenta aún, pero las salidas a la naturaleza tienen importantes y positivas repercusiones para tu NAS.

Sombras del NAS en el nivel físico

Es posible que también hayas notado en tu peque esa sensibilidad especial en su cuerpo, pero en este caso de una forma no tan positiva. Es muy probable que le molesten las etiquetas y costuras de la ropa, o la textura de ciertos tejidos, incluso tal vez se haya quejado de la incomodidad de una prenda ajustada, con volantes o algún otro complemento. Evidentemente, todo esto forma parte de las sombras del rasgo. Un aspecto característico de los NAS son los numerosos problemas que tienden a presentar en la piel. Estos, como urticarias, alergias o eccemas, son comunes, siendo aún más prominentes en períodos de sobreestimulación o estrés, por lo que pueden estar originados por aspectos psicológicos. Entre las sombras a nivel físico, podemos encontrar también la sensibilidad a los ruidos, que generan una gran molestia a los NAS y que, por lo general, provocan en ellos importantes sobresaltos. En la misma línea de experiencias sensoriales adversas, podríamos mencionar el desagrado por ingerir comidas con una gran mezcla de sabores o, incluso, lugares abarrotados de gente, que pueden resultar muy incómodos para este tipo de peques.

Asimismo, en el aspecto físico, podríamos mencionar el bajo umbral de dolor que tenemos las PAS. Nuestro cuerpo, más sensible que el de otros, percibe el dolor de una forma más intensa, lo cual, como es comprensible, no resulta agradable. Es posible que pienses que tu peque es un poco quejica a veces porque todo le duele, incluso cuando ni tú ni el doctor veis motivos para ello. Se trata nuevamente de una de las sombras del rasgo. Lo mismo ocurre con ciertos estados físicos, o incluso emocionales, que son consecuencia de cambios meteorológicos. Esto es debido a una característica llamada meteosensibilidad, que hace referencia a cómo el tiempo atmosférico, y especialmente los cambios en el mismo, pueden provocar ciertas sensaciones en el cuerpo, que muchas veces llevan a irritabilidad, dolor o tristeza.

Ya hemos mencionado anteriormente la sobreactivación o sobreestimulación como características de los NAS. Evidentemente, esto puede ser considerado también como una sombra importante con grandes repercusiones sobre tu peque altamente sensible. No olvidemos la tendencia al estrés que, como PAS, puede aparecer, tal vez de forma puntual, pero también de una forma más consistente. Existen recursos y prácticas que podemos enseñarle a utilizar para lidiar con los efectos de este tipo de alteraciones físicas y que pueden marcar un antes y un después para tu peque.

Hábito 1

Comer bien le ayudará a tener energía

Uno de los retos con el que muchos papás y mamás de NAS luchamos a diario es el de la comida. De sobra sabemos cuán importante es que nuestros peques coman bien y de todo para que puedan crecer sanos y rendir bien en el colegio y en sus actividades diarias. Pero llevar esto a la práctica resulta en ocasiones tedioso. Tal vez has notado que tu NAS es a veces un tanto quisquilloso cuando se trata de comida. Incluso puede que hayas pensado que es imposible preparar un plato normal sin que le haga ascos. ¡Te entendemos perfectamente! Pero a la vez entendemos a tu peque, por lo general las PAS somos más sensibles a olores, sabores y texturas que otras personas. A veces, especialmente cuando se mezclan alimentos distintos, puede generar cierto desagrado.

Sin embargo, es importante que tu NAS aprenda la necesidad de mantener una dieta equilibrada y desarrolle el sano hábito de comer de todo y bien. Si crees que le vendría bien comenzar a trabajar en esto, te proponemos esta sencilla tarea con la que se sentirá más motivado a incluir una mayor variedad de alimentos en sus comidas.

A continuación te explicamos cómo funciona *Hoy comemos… ¡colores!* Con este ejercicio queremos que aprenda la importancia de comer de todo y que además pueda disfrutar al ingerir la gran variedad de alimentos que existen. Utilizaremos para ello otra de las características de las PAS: la sensibilidad al color y el disfrute. Estamos convencidas de que si aprende a disfrutar de la variedad de alimentos en su plato, su alimentación será más variada y equilibrada, no sólo ahora, sino también en el futuro.

> **Un cuerpo bien alimentado es un cuerpo preparado para asumir los desafíos del día a día.**

Hoy comemos... ¡colores!

Que su hijo coma de todo es un reto para todo padre y madre, pero a veces, lo es más aún para los que tienen a su cargo un NAS. Aprender a disfrutar de la variedad de los alimentos es imprescindible para tener una dieta rica y equilibrada.

1. Aprovecha un día que estés haciendo la compra semanal en el súper con tu peque. Dirige su atención a los diferentes colores de los alimentos *¿Qué colores puedes ver?* Explícale que podemos saber cómo esos alimentos ayudan a nuestro cuerpo según su color. Los alimentos rojos son buenos para nuestras células, los verdes protegen nuestro corazón, los azules ayudan a nuestra memoria, los amarillos, a la piel, el pelo y las uñas, los naranjas, a la vista, los blancos ayudan en la circulación de nuestra sangre... Necesitamos comer alimentos de diferentes colores para cuidar de nuestro cuerpo.

2. Durante la comida, cuando tenga su plato ante él, anímale a buscar los colores de los alimentos. *¿Cuántos colores diferentes puedes encontrar?* Buscad y nombrad todos los colores diferentes que encontréis. *¿Crees que puedes contarlos? ¿Cuántos hay? ¿Son muchos o pocos?*

3. Ahora fijaos en qué colores no están incluidos en el plato. *¿Cuántos puedes nombrar? ¿Ves algo amarillo? ¿Qué se te ocurre que podríamos haber añadido a nuestra comida para que también tuviera ese color?* Seguro que a nuestro cuerpo le encantaría recibir ese alimento.

Y de esta forma habrás introducido a tu peque la variedad de los alimentos y sobre todo su importancia. Ahora sólo es cuestión de convertirlo en un hábito.

Trabajando *Hoy comemos… ¡colores!* en forma de hábito

Una vez introducida la importancia de una dieta variada, es el momento de continuar trabajando en ella. Recuerda mencionar los colores en cada comida. *¿Cuántos colores puedes encontrar hoy? ¿Son más o menos que ayer? ¿Qué día de esta semana comimos más colores?* Si ves a tu NAS motivado, podéis hacer un registro semanal, o incluso mensual de los colores en las comidas. Pero si no lo está, no desesperes. Es posible que le cueste un poco al principio. Puedes retarle al inicio a que pruebe al menos tres colores. Poco a poco ve aumentando el número. Implícale en la elaboración de las comidas, siempre es un estímulo para comer lo que él mismo ha preparado.

Los colores en sí mismos pueden resultar un gran estímulo. Pero además, tu NAS es por naturaleza un niño curioso. Muy probablemente le haya llamado la atención que diferentes colores produzcan beneficios específicos en diferentes partes del cuerpo. Si ha sido así, fomenta esa curiosidad. ¿Por qué no hacéis una investigación en Internet y descubrís juntos cómo diferentes alimentos de determinados colores trabajan de formas distintas en nuestro cuerpo? Después, podéis recordar la función de cada uno de esos alimentos cuando estéis sentados a la mesa localizando los diferentes colores en vuestros platos.

Es posible que algunos peques sean especialmente sensibles a la mezcla de ingredientes. En ese caso, quizá sea una buena idea separar las comidas por colores. ¿Qué tal si diseñáis un arcoíris sobre el plato? Así podrá comer los alimentos por partes y no tener que mezclar sabores y texturas.

Nuevamente, tendrás que observar a tu peque y darte cuenta de qué funciona y qué no, pero trata de mantener su interés en añadir a sus comidas tantos colores como sea posible. Poco a poco, irá asumiendo que una dieta variada es una dieta buena para su salud.

Hábito 2

Dormir bien para reponer fuerzas

Una adecuada rutina del sueño es fundamental para un NAS. Las PAS necesitamos descansar bien, no sólo porque nuestra constante observación y análisis del mundo que nos rodea es extenuante, sino también porque necesitamos esa energía para continuar funcionando en el día a día. Sin embargo, los problemas de insomnio y otros trastornos del sueño son comunes en las PAS debido a que normalmente acumulamos una cantidad de información y preocupaciones en nuestras mentes que nos abruman y nos vemos tratando de gestionar a altas horas de la madrugada. Es por ello por lo que es muy importante que comencemos a desarrollar hábitos del sueño sanos en nuestros NAS.

Es posible que ya hayas observado que tu peque tiene dificultades para conciliar el sueño, se despierta en medio de la noche por alguna preocupación o una pesadilla que no le dejan descansar bien. Si este es el caso, te proponemos una actividad que, mantenida en el tiempo, dará buenos resultados. Sin embargo, si aún no has observado dificultades, cs igualmente uno de esos hábitos que nunca está de más comenzar a trabajar y que pueden evitar muchos problemas de cara al futuro.

La fábrica de patitos de goma es una técnica de conteo que ayudará a tu peque a concentrarse profundamente en una secuencia y que, si realiza en unas condiciones de sosiego, lentamente y sin ningún tipo de prisa, resultará en un ejercicio de relajación física y también mental. Poco a poco, el cuerpo irá desactivándose y llegará el sueño en medio de la actividad. El objetivo de esta técnica es proporcionar un método para relajar el cuerpo y predisponer el cerebro para el descanso gracias a la visualización.

> **El sueño nos permite descansar del ayer**
> **y nos prepara para vivir el mañana.**

La fábrica de patitos de goma

Una rutina del sueño debería formar parte del día a día de cualquier NAS. Busca aquello que funciona con tu peque. Aquí te mostramos una actividad para que conciliar el sueño sea más fácil.

1. Asegúrate de que la habitación está poco iluminada, no hay ruidos y la temperatura es agradable. Una vez que esté acostado en su cama y listo para dormir, pídele que cierre los ojos y que imagine que es un trabajador en una fábrica de patitos de goma.

2. Guía su visualización mientras hablas tranquilamente. Delante de él tiene una cinta transportadora por la que van pasando patitos de goma que acaban de hacerse en la gran fábrica en la que trabaja. Su tarea consiste en ir colocando los patitos en sus envases correspondientes. Cada envase debe contener cinco patitos de goma.

3. A medida que van pasando los patitos, debe ir cogiéndolos de uno en uno y poniéndolos en el envase. Irá contándolos y, cuando haya introducido cinco patitos, cerrará el envase y comenzará de nuevo con otro envase nuevo. El objetivo es cerrar paquetes de patitos de goma, listos para enviar a las tiendas.

Deja a tu NAS visualizar cómo los patitos pasan delante de él mientras se concentra en contarlos y cerrar paquetes. De repente, sin darse cuenta y mucho antes de lo que espera, estará profundamente dormido.

Trabajando *La fábrica de patitos de goma* en forma de hábito

Siempre es una buena idea establecer una rutina del sueño. Cualquier niño se beneficiará de la creación de un hábito a la hora de irse a la cama. Existen muchas formas de trabajar en esto. Algunos elementos para tener en cuenta son acostar a tu peque siempre a la misma hora, comer de una forma equilibrada durante el día, no tomar dulces o exceso de líquidos, especialmente en horas próximas a acostarse, hacer ejercicio, evitar el uso de pantallas durante al menos una hora antes de ir a dormir y, mucho más en el caso de los NAS, mantener una habitación bien aclimatada, oscura y silenciosa. Todos estos elementos contribuyen a la preparación del cuerpo y la mente para el sueño. Hay otras actividades muy beneficiosas que tendrás que descubrir cómo funcionan en tu NAS específicamente, puesto que cada uno es diferente. Te animamos a probar otras rutinas y ver si le van bien, algunos ejemplos son un baño relajante antes de acostarse, un vaso de leche caliente, una música que lleve a la calma o un determinado olor en el ambiente o en las sábanas que incite su descanso (te recomendamos probar el aroma de lavanda para dormir). Todas estas son ideas excelentes para establecer una rutina del sueño diaria.

Usa la actividad *La fábrica de patitos de goma* en función de las necesidades de tu NAS. Puedes utilizarla sólo de forma esporádica cuando la creas necesaria. Aunque te recomendamos que te asegures de que al principio la usas al menos un par de veces por semana para que quede bien establecida. O, si lo prefieres, puedes utilizarla primero de forma diaria y después ir reduciendo su uso. Es necesario que tu peque sepa cómo ponerla en práctica aunque esté solito, que aprenda cómo funciona. Es importante, también, que se acuerde de utilizarla cuando tiene problemas para conciliar el sueño. Ahí es posible que tengas que ayudarle a recordarla, al menos al principio. Sin embargo, después de haberla utilizado durante un tiempo, será una herramienta automatizada y muy útil para poner en práctica cuando la necesite. Si es preciso, puedes hacer modificaciones para renovar la actividad si en algún momento pierde efecto. Mantén la idea de la fábrica pero haz modificaciones con respecto a los productos que han de ser empaquetados. Mantenlo lo más simple posible. ¿Qué tal si introduce huevos en hueveras de media docena? ¿O si coloca las cuatro ruedas a los coches de una fábrica de juguetes?

Hábito 3

Pausas a lo largo del día

Tu NAS procesa profundamente la información y recibe mediante los cinco sentidos más estímulos que otros niños. Por este motivo, su sistema nervioso, más sensible que el de los demás, tiene tendencia a la saturación, que se produce cuando se recibe más información de la que se puede procesar. Las PAS a menudo arrastramos una tensión en nuestros cuerpos de cuya existencia no somos conscientes, debido a la inercia y el avanzar del día. El simple ejercicio de detenernos, liberar la mente durante un instante, eliminar la tensión de nuestro cuerpo y volver a la marcha puede generar una diferencia importante que se traduce en un mejor funcionamiento físico y mental.

Es probable que tu NAS tienda a la sobreestimulación antes que otros niños de su edad con un grado de sensibilidad medio o bajo. A lo mejor has observado que está nervioso y se frustra con facilidad. Esto no necesariamente es debido a la sobreestimulación, pero es posible que lo sea. Si además percibes en él algún signo de abatimiento o estrés, este puede ser un buen hábito que desarrollar. Observa también cualquier señal de bloqueo fruto de la saturación, como por ejemplo si no consigue terminar una tarea para la que crees que es completamente capaz, o si se niega a intentar algo que por lo general le resulta fácil.

Este tipo de sobreestimulación o de bloqueos por saturación puede verse reducido mediante técnicas de interrupción de la actividad que permiten al pequeño evadirse por un momento del exceso de información para liberar la carga. Por supuesto, se trata de introducir pequeñas pausas que no interfieran en el desempeño de actividades en las que se requiera cierto grado de concentración. El objetivo es que se detenga por un instante, sea capaz de llenar los pulmones para que bombeen más oxígeno al cerebro y elimine conscientemente aquello que está produciendo el bloqueo. Estas pequeñas interrupciones durarán apenas unos segundos pero, repetidas a lo largo de días intensos, pueden ser muy efectivas.

En este caso te proponemos la actividad *El capullo que se convierte en flor*. Se trata de un ejercicio de focalización y vuelta a la calma con el que pretendemos que tu NAS desarrolle el hábito de realizar pausas a lo largo del día. El objetivo de este ejercicio es detener la inercia del activismo del día a día y liberar la tensión, tanto mental como física, que el NAS lleva acumulada en su cuerpo. Este simple ejercicio, repetido y mantenido en el tiempo, le ayudará a sobrellevar mejor el día a día. Lo que queremos conseguir es que sea consciente de la necesidad de detenerse y sea capaz de hacerlo con regularidad.

> **Para y respira profundo. Observa cómo se marcha toda esa tensión que no sabías que tenías acumulada.**

El capullo que se convierte en flor

Con este ejercicio de focalización-vuelta a la calma, pretendemos establecer en tu peque el hábito de las pausas diarias. Detener la actividad, respirar profundo y volver a continuar es un ejercicio físico que ayuda a liberar la tensión que se va acumulando.

1. Siéntate junto a tu NAS en un momento cualquiera del día. Explícale que, a veces, estamos tan enfrascados en nuestro día a día que descuidamos las cosas importantes. Nuestro cuerpo necesita de vez en cuando parar y respirar profundo para continuar con energía renovada.

2. Cierra tu puño frente a ti. Pide a tu peque que haga lo mismo. Apretad el puño con fuerza durante unos segundos, con cuidado de no haceros daño. Explícale que el puño es el capullo de una flor. Al principio los capullos son pequeños, pero poco a poco van creciendo. Ahora, libera la fuerza de tu mano y deja que el puño se relaje un poco. El capullo se hará un poco más grande. Tu peque hará lo mismo con su puño.

3. Muy lentamente, con suavidad y controlando el movimiento, deja que tu mano se vaya abriendo. Explica a tu peque que el capullo está floreciendo. Observad cómo se abren las flores. Tratad de hacerlo lo más despacio posible. Con cuidado. Suavemente. Cuando la mano esté completamente abierta, haced una respiración profunda, imaginándoos que respiráis el aroma de la flor.

Ahora, a seguir cultivando flores, y sobre todo, a dejar que su aroma se lleve la tensión acumulada.

Trabajando *El capullo que se convierte en flor* en forma de hábito

Una vez que tu NAS ha aprendido el ejercicio de *El capullo que se convierte en flor*, llega el momento de comenzar a repetirlo para que el hábito de las pausas diarias se convierta en una realidad. Al principio tal vez necesitarás recordárselo. Lo ideal es hacerlo varias veces a lo largo del día, especialmente en esos días más ajetreados llenos de actividades y tareas, pero ¿por qué no? también durante las tardes de profundo aburrimiento.

Cada vez que culminéis el ejercicio, después de haber respirado profundamente, hazle notar lo bien que se siente el cuerpo al parar durante unos segundos. Poco a poco anímale a que lo haga él solito, aunque tú no estés. Puede ser tal vez un ejercicio divertido que enseñar a otros amigos. Dile que tú también intentarás pausar varias veces a lo largo del día y observarás cómo el capullo se convierte en flor y, después de respirar su aroma, volverás a tus tareas. Al final del día podéis compartir en número de flores que cada uno ha visto florecer. Tranquilos, ¡no es ninguna competición!

El capullo que se convierte en flor es sólo un recordatorio de la necesidad de parar y respirar profundo de vez en cuando a lo largo del día. Poco a poco es posible que la actividad del puño y la mano que se abre vaya desapareciendo. Pero el detenerse y respirar profundo es un hábito importante que se habrá interiorizado y formará parte del día a día de tu NAS. Y, ¡quién sabe!, es posible que a la respiración profunda la acompañe la imagen mental de una flor abriéndose y un leve movimiento de mano que se tensa para luego liberar la tensión.

Hábito 4

Un poco de ejercicio diario

El ejercicio físico es una actividad muy importante para cualquiera. Que los NAS hagan ejercicio es imprescindible para recuperar el estado de equilibrio cuando lo han perdido debido al ajetreo diario y se sienten saturados. En su caso, puede ser además muy beneficioso porque ayuda a generar endorfinas que para ellos tienen una mayor repercusión, ya que esto les aporta una sensación de bienestar que previene rabietas y enfados innecesarios.

Muchos niños se mueven constantemente y hacen ejercicio de forma natural. Necesitan salir al parque y liberar energía. Muchos de ellos pueden sentirse fácilmente motivados con deportes y actividades en grupo. Las actividades extraescolares son siempre una buena alternativa para tener a nuestros NAS en movimiento. Motiva a tu peque a encontrar su deporte favorito, aquel con el que disfruta moviéndose. En este sentido, es útil que pueda experimentar sin presión diferentes deportes individuales o en equipo. Algunos ejemplos de deportes individuales son: el kárate, el tenis, el pádel, el surf y la natación. Los deportes en equipo son especialmente completos, ya que además fomentan la interrelación con sus pares (los niños y las niñas de su edad) y constituyen un desafío de desarrollo de las habilidades sociales. Se ha observado que los peques que han practicado algún deporte colectivo crecen con esa capacidad de asumir un rol dentro de un equipo y la manifiestan en la edad adulta tanto a nivel personal como profesional, integrándose con facilidad en equipos dentro del ámbito laboral. Deportes como el senderismo, el fútbol, el baloncesto, el vóley, el tenis o bádminton en parejas y las sesiones de estiramientos en grupos son también muy beneficiosos.

Sin embargo, hay otros niños para los que esto no resulta tan esencial y no es, en absoluto, algo que quieran o busquen por naturaleza. Tal vez has observado que tu NAS evita las actividades que requieren movimiento físico y rehúye de formar parte de un equipo deportivo. En el caso de los NAS con una mayor tendencia a la introversión, esto puede incluso llegar a ser un problema que preocupe a los padres y las madres. Si has observado que a tu NAS no le motivan los deportes, nunca le apetece ir al parque o su mayor deseo es sentarse a leer o dibujar durante horas, es tal vez una buena idea comenzar a trabajar en él el hábito del ejercicio diario. Comenzaremos con actividades de movimiento muy básicas pero con altos componentes motivacionales y, poco a poco, iremos aumentando el nivel de esfuerzo necesario.

Te presentamos una actividad que creemos que tu NAS no verá como un tedioso ejercicio físico, sino como un juego divertido al que le encantará jugar. En él, hemos introducido algunas de sus cosas favoritas, como la imaginación, la música, el color y la creatividad. Ingredientes que no pueden fallar, ¿verdad? *Colorea burbujas* es una actividad ideal para que tu peque se mueva. Queremos motivarle a ponerse en pie y mover los brazos arriba y abajo dando vueltas a su alrededor. De esta forma, mantendrá activo su cuerpo y se beneficiará de todo lo bueno que el ejercicio le brinda.

> **Un poco de ejercicio físico cada día proporciona salud y una mejor actitud frente a la vida.**

Colorea burbujas

La música, el color y la creatividad son grandes amigos de los NAS. Utilízalos para que tu peque mueva el esqueleto.

1. Pon una música agradable que sepas que le gusta y libera el espacio alrededor para que podáis moveros con facilidad. No necesitaréis un lugar demasiado espacioso, pero sí lo suficientemente grande para no golpearos con los objetos que pueda haber alrededor. Asegúrate de que al extender los brazos no os tocáis entre vosotros, y tampoco hay muebles o paredes por medio.

2. Llega el momento de un pequeño ejercicio de imaginación. Dile a tu peque que, al igual que tú, está dentro de una gran burbuja. Si alarga sus brazos puede tocarla por dentro. Pero cuidado, ¡no queremos que explote! Estira tus brazos y haz como que la acaricias suavemente. Muévete suavemente al ritmo de la música. Anímale a que haga lo mismo.

3. Ahora, pídele que imagine que sus dedos están impregnados en pintura de colores. *¿Puedes colorear la burbuja arrastrando los dedos por su alrededor?* Anímale a seguir la música a la vez que se mueve restregando sus dedos por el interior de la gran burbuja. Imaginad que, poco a poco la burbuja se va llenando de color. Por arriba, por atrás, por abajo, por un lado… Siempre al ritmo de la música.

Colorear burbujas puede ser una actividad muy divertida especialmente para los niños que no disfrutan de a actividad física. Animaos a hacerlo con frecuencia.

Trabajando *Colorea burbujas* en forma de hábito

Colorea burbujas es un ejercicio físico de baja intensidad perfecto para comenzar a crear una rutina de movimiento. Lo primero que queremos es conseguir que tu NAS disfrute moviéndose y asocie el ejercicio con un rato de diversión con su padre o madre. Tratad de repetir el ejercicio tantos días como sea posible a lo largo de la semana. Siempre manteniendo ese ambiente de disfrute y diversión. Id variando la música para que cada vez sea diferente. Tal vez unos días la música puede ser más lenta. Esta es una buena opción especialmente los días en los que tu peque esté más nervioso o cansado. Otros días la música será más animada y requerirá de movimientos más rápidos. Es una buena idea ir aumentando el nivel del ejercicio paulatinamente. Tal vez puedes ir incrementando el tiempo de *colorear burbujas* poco a poco, o aumentar el ritmo de la música para que requiera un mayor nivel de esfuerzo.

Una vez que hayáis creado una rutina de ejercicio, será importante mantenerla. Es posible que *Colorea burbujas* necesite ser reemplazado en este momento por una actividad nueva. Asegúrate de que es una actividad con un nivel de intensidad algo más elevado para conseguir un resultado aún mejor. Hay muchas opciones que podrían resultar de interés para tu NAS, sólo hay que investigar un poco y pensar en sus gustos personales. ¿Qué tal si probáis con el baile? Puede ser un tiempo de baile libre con algunas de vuestras canciones favoritas, o podéis incluso inventar vuestra propia coreografía. Esto llevará algunos días, pero puede ser un buen proyecto en el que trabajar en familia. En Internet hay muchas opciones, incluso gratuitas, de coreografías pensadas precisamente para el movimiento y la consecución de una buena salud física en los más peques.

Hábito 5

Una agenda disfrutable

El ritmo frenético al que nos hemos acostumbrado en nuestra sociedad occidental actual no es un elemento que nos resulte saludable especialmente a las PAS. Debido a nuestra naturaleza, tendente a la sobreestimulación, mantener un nivel elevado de activación puede ser perjudicial. Esto, además, se ve agudizado a medida que agregamos otros componentes propios de la alta sensibilidad como la perfección, la responsabilidad, el gusto por realizar un trabajo bien hecho y la preferencia de hacerlo uno mismo sin ayuda. Muchas veces, aunque no seamos del todo conscientes de ello, dejamos que las vidas de nuestros NAS se introduzcan en esa misma espiral en la que confluyen las tareas de casa, los deberes del colegio, las múltiples actividades extraescolares y otras actividades familiares. Los días de nuestros NAS se convierten así en un auténtico no parar.

Esta sobreactivación puede ser la causante de un importante número de problemas físicos, cognitivos y emocionales relacionados con el estrés, la ansiedad y la sobrecarga. Si has observado alguno de estos elementos en tu NAS y crees que la sobrecarga de actividades puede estar siendo la causante de ello, es una buena idea comenzar a trabajar en él el hábito de llevar una agenda disfrutable. Este tipo de agenda se caracteriza por tener un menor número de actividades y más espacios de tiempo libre para destinar al autocuidado. Tu peque debe aprender a reservar un pequeño espacio de tiempo cada día para encargarse de cuidarse a sí mismo y a su cuerpo, y rendir así mejor en el resto de las tareas.

El autocuidado tiene como objetivo, tal y como su nombre indica, el de cuidarnos a nosotros mismos. Se trata de introducir en nuestro día a día una serie de actividades que, por sus características y las nuestras, nos aportan bienestar. Son actividades que disfrutamos y que nos hacen sentir bien. Sin embargo, por lo general, nos cuesta apartar tiempo para ellas por que solemos tener otras tareas *más importantes*. Como PAS, el autocuidado tiene repercusiones muy positivas en nosotras.

El ejercicio que te presentamos a continuación tiene precisamente ese objetivo: el de que tu NAS aprenda a dedicar un tiempo diario al cuidado de sí mismo, evitando sobrecargar su agenda de quehaceres y poder disfrutar el día a día.

Dedicar un poco de tiempo cada día al autocuidado, convierte cada día en un día disfrutado.

Las piedras del autocuidado

Podríamos definir el autocuidado como aquello que nos gusta hacer y nos aporta bienestar físico o emocional. Con esta actividad será más fácil integrar actividades de autocuidado al día a día de tu NAS.

1. Para esta actividad necesitaréis un buen número de piedras. Lo ideal es que sean piedras más o menos lisas, sobre las que podáis escribir con un rotulador permanente. Necesitaréis piedras de diferentes tamaños. Algunas más pequeñas, otras más grandes y de tamaños intermedios.

2. A continuación, haced una lista de actividades que supongan disfrute para tu NAS. Debe tratarse de actividades que hagan que tu peque se sienta bien. Apuntad tantas como se os ocurran, es importante que haya variedad. Algunas de ellas requerirán de más tiempo o más recursos, otras serán más sencillas. Pensad en esto. A continuación, escribid las actividades más sencillas en las

piedras más pequeñas y las actividades que requieren más tiempo, preparación o energía en las más grandes.

3. Fijaos en las piedras en las que habéis escrito. Estas actividades son muy importantes, pero no siempre tenemos tiempo para ellas, por eso necesitamos hacer un esfuerzo por incluirlas, de esta forma, nuestro cuerpo se sentirá mejor. Pensad en esta semana, teniendo en cuenta la agenda de tu NAS y el tiempo libre que le queda ¿cuál de estas piedras puede añadir a cada uno de los días de la semana?

Las piedras están listas para ser disfrutadas. Cada día, recordad la importancia de añadir una de las *piedras del autocuidado* a la agenda de tu NAS.

Trabajando *Las piedras del autocuidado* en forma de hábito

Esta es una actividad con mucho potencial. En primer lugar, tiene la capacidad de enseñar a tu NAS el uso del tiempo. El hecho de tener piedras de diferentes tamaños que se corresponden con períodos de tiempo más o menos extensos, le ayudará a ir asimilando la gestión del tiempo. Tener las piedras de forma física a mano, es una buena herramienta para escoger una determinada actividad a realizar en función del tiempo disponible. En un día muy ajetreado, buscad entre las piedras más pequeñas. Recuerda siempre ser muy flexible, se trata de disfrutar, es perfectamente posible cambiar en el último momento una piedra escogida con anterioridad. Y recordad que siempre pueden añadirse nuevas actividades o eliminar otras que ya no le gustan tanto.

Como siempre, es importante que tu peque sea consciente de la necesidad de desarrollar el hábito. Hablad sobre la importancia de regalarse un poco de tiempo cada día. Hablad de esas actividades que nos hacen sentir bien, pero para las que a veces no tenemos tiempo. Asegúrate de que tu NAS entiende la importancia de estas actividades. Piénsalo como un regalo que le haces para cuando sea adulto.

Dejad las piedras a la vista en un lugar accesible. Podéis recogerlas todas en un cuenco grande. Sacad del cuenco la piedra que tu NAS haya escogido para el día. Idlas metiendo de nuevo en el cuenco. Aseguraos de que cada día hayáis introducido una piedra en el cuenco (significará que tu peque ha llevado a cabo esa tarea).

Si has considerado desarrollar además el Hábito 13, ten en cuenta que estos dos hábitos pueden integrarse juntos muy fácilmente. En lugar de piedras, utiliza etiquetas o pegatinas que colocar en el planificador mensual.

Hábito 6

Estiramientos musculares

Como parte de la alta sensibilidad, todo lo que un NAS percibe a través de sus sentidos lo experimenta siempre de una forma más intensa. Esto incluye también el dolor físico. No te sorprendas si tu NAS se queja de un dolor que el doctor, después de revisarle debidamente, no es capaz de identificar. Él tiene un umbral de dolor más bajo que el de otros niños, no está tratando de ser más difícil, simplemente es mucho más sensible al dolor.

Existen algunas formas de disminuir el dolor, pero como siempre, lo mejor es trabajar en nuestro cuerpo para que esté preparado para hacerle frente. Los ejercicios de estiramiento han demostrado ser una muy buena forma de prevenir y aliviar los dolores, ya que fomentan la flexibilidad de los músculos, las articulaciones, los tendones y otros órganos de nuestro cuerpo encargados de la movilidad y el funcionamiento general. Una rutina diaria de ejercicios de estiramiento muscular puede ser muy beneficiosa para cualquier PAS.

Si tu peque se queja constantemente de dolores en su cuerpo que no tienen una explicación médica, te recomendamos trabajar en él el hábito de estiramientos musculares. Los estiramientos mejoran la flexibilidad, lo que repercute en menores probabilidades de sufrir lesiones y una reducción considerable en la frecuencia de los dolores. A continuación, te explicamos cómo hacer con tu peque el ejercicio *Escribo palabras con mi cuerpo*, una actividad con la pretendemos que desarrolle el hábito de realizar estiramientos, lo que le ayudará a reducir el dolor en su cuerpo.

> **Estirar los músculos contribuye a la reducción de los dolores corporales.**

Escribo palabras con mi cuerpo

El dolor puede ser un enemigo frecuente en el día a día de tu NAS. Los estiramientos musculares proporcionan alivio y evitan el dolor muscular.

1. Pídele a tu peque que piense en una palabra pero que no la diga en voz alta. Tú deberás adivinarla, por lo que es importante que no la comparta. Es posible que quiera escribirla en un papel, esto le ayudará a realizar el resto de la actividad, especialmente si es más pequeño.

2. A continuación tiene que *escribir* la palabra con su cuerpo, letra por letra, estirando y flexionando sus músculos y articulaciones. Es decir, si la palabra que ha escogido es AMOR, deberá formar una A con su cuerpo, después una M, luego una O y finalmente una R. Pídele que mantenga cinco segundos cada letra formada, para que puedas observarla bien. Después, continuará con la siguiente letra de la palabra en orden.

3. Cuando haya formado todas las letras de las palabras será tu turno para adivinar lo que ha escrito. Si dudas en alguna letra puedes pedirle que la repita, pero si tienes clara la palabra, dila en alto para confirmar.

Y así es como escribimos palabras con nuestro cuerpo. Esperamos que decodificar el mensaje secreto sea una tarea motivadora y llena de diversión.

Trabajando *Escribo palabras con mi cuerpo* en forma de hábito

Este es un juego que suele gustar a los NAS, por lo que puede resultar bastante motivador para ellos y fácil de repetir varias veces a lo largo de la semana. Sin embargo, es importante recordar que estamos tratando de formar un hábito, y para ello necesitamos hacer consciente al peque de qué hacemos y por qué lo hacemos. Es recomendable que, después de haber dedicado algunos minutos a *escribir palabras*, converses con tu NAS sobre su experiencia al estirar sus músculos. ¿Cómo se siente el cuerpo durante el estiramiento? ¿Cómo se siente después? Es importante hablar de los beneficios que estirar los músculos tiene sobre el cuerpo, y también relacionarlo con la disminución del dolor corporal. Recuerda que, aunque sea un juego, él necesita saber que es un hábito importante de mantener por los beneficios que proporciona.

A medida que esta idea se va desarrollando, podemos ir haciendo ejercicios de una forma más intencional. Al principio podemos, por ejemplo, imitar a animales con nuestros estiramientos. Seguro que todos sabemos cómo hacer la mariposa, sentados en el suelo, juntando las plantas de los pies con las rodillas flexionadas y rebotando las piernas como si aletearan. También puedes seguir rutinas de estiramientos para principiantes que encontrarás en Internet fácilmente. Las opciones son numerosas, desde pequeños ejercicios de unos pocos minutos a sesiones completas de más de media hora. Muchos de ellos son grabaciones en vídeo en las que un monitor guía el ejercicio mostrando en su cuerpo cada movimiento, por lo que sólo hay que reproducir el vídeo en una pantalla e imitar lo que hace. Únicamente necesitas mover algún mueble para hacer espacio, tener un par de esterillas y una botella de agua a mano. Estirar al menos una vez a la semana juntos puede convertirse en una actividad muy saludable.

El objetivo es continuar manteniendo el hábito y, en este caso, aumentar el nivel de los estiramientos. Poco a poco, a medida que los cuerpos se vayan acostumbrando a estirar los músculos, podréis ir añadiendo nuevas rutinas y ejercicios. Pero con cuidado, no tratemos de realizar estiramientos muy bruscos que pueden lastimar a los peques. Aumentemos siempre la dificultad de forma muy progresiva y asegurándonos de que los ejercicios que introducimos son adecuados para sus cuerpos.

Hábito 7

Estimulando los sentidos

Una de las características de las PAS es que, puesto que nuestra sensibilidad es mayor, también lo es lo que percibimos con los sentidos. No es que percibamos mejor los estímulos, sino que somos más sensibles a lo que saboreamos, olemos, vemos, oímos o tocamos. Aunque, por lo general no solemos prestar atención a esto, el desarrollo de los sentidos tiene mucho potencial.

Tal vez ya te has percatado de esta característica de la alta sensibilidad de tu NAS. Normalmente la notamos con aspectos más bien negativos, como que le molestan las costuras o las etiquetas de la ropa, o que le desagradan ciertos sabores y olores. Pero lo cierto es que tu peque puede disfrutar de los sabores, olores, colores, formas, texturas y sonidos de una forma más intensa que otros niños de su alrededor. Esto puede ser beneficioso de muchas maneras.

Te proponemos con este hábito el de desarrollar los sentidos en tu peque. Son muchas cosas las que puedes hacer para entrenar esta especial percepción del mundo exterior. En algunos de los hábitos en este libro utilizamos los sentidos para trabajar sobre ciertos aspectos físicos, sociales, y sobre todo, emocionales y cognitivos. Los estímulos percibidos por los sentidos pueden funcionar como desencadenantes de bienestar para tu peque si le enseñas a utilizarlos correctamente. Por ejemplo, cuanto más estimulemos el sentido del olfato, más provechosos serán los beneficios obtenidos con el *Hábito 35. Generar emociones de ayuda.*

El objetivo de la actividad *Clasificar olores* que te proponemos a continuación es desarrollar el sentido del olfato. Ponlo en marcha junto con el resto de las orientaciones del apartado de *Trabajando Clasificar olores en forma de hábito* para trabajar también con el resto de los sentidos.

> **Estimulando los sentidos fomentamos el desarrollo integral y mejoramos las capacidades de aprendizaje.**

Clasificar olores

Estimular el gran potencial que los sentidos de tu NAS tienen puede aportar grandes beneficios a su día a día. Con esta actividad comenzaremos trabajando el sentido del olfato.

1. Reúne una buena cantidad de bolas de algodón. Imprégnalas para que de alguna forma absorban un determinado olor. Puedes mojarlas en tés e infusiones de diferentes sabores, colocarlas durante unos días dentro de una caja con alguna especia, o incluso rociar sobre ellas diferentes perfumes o aceites esenciales. Asegúrate de que tienes varias bolas de algodón para cada uno de los olores seleccionados.

2. Coloca todas las bolas de algodón sobre una superficie. Recuerda que deben estar mezcladas y que no debe haber otra forma de identificar qué las diferencia más que su olor. Cuida que todas tengan un tamaño similar y que no se hayan teñido de ningún color o tengan restos visibles del producto utilizado. Muéstraselas a tu NAS.

3. A continuación pídele que las clasifique. Que ponga juntas en un montón todas las que tengan el mismo olor. Podéis conversar sobre los olores que percibe. *¿A qué crees que huelen? ¿Te resulta agradable o desagradable? ¿Ese olor te trae algún recuerdo? ¿Cómo te hace sentir?*

Es fácil trabajar los sentidos, pero requiere entrenamiento y paciencia. Utilizad cada oportunidad para seguir jugando con los sentidos.

Trabajando *Clasificar olores* en forma de hábito

Este sencillo juego es simplemente un pequeño paso para comenzar a desarrollar el sentido del olfato y optimizar su potencial en tu peque. Es una buena idea combinarlo con otros juegos similares para trabajar el mismo u otros sentidos. Podéis jugar a vendar los ojos de tu peque y dejarle oler alimentos que debe adivinar. Eso mismo puede realizarse también a través del gusto.

El ejercicio de clasificar puede realizarse con otros muchos sentidos también. A los más pequeños les fascina clasificar pompones o abalorios según sus colores utilizando la vista. Pero de igual manera pueden clasificarse según su tamaño o forma. Al clasificar por tamaño o forma podemos entrenar no sólo la vista, sino también el tacto. Seguramente los más mayores encuentren muy retador clasificar cuentas para hacer collares con los ojos vendados. ¡Es todo un desafío! La clasificación de texturas puede ser asimismo un ejercicio con muchas posibilidades.

Para entrenar el oído, los juegos de reconocimiento de sonidos son muy eficaces. Pero podemos ir un poco más allá. Un proyecto interesante y atractivo para muchos NAS es el de aprender a identificar el canto de ciertos pájaros y tratar de reconocerlos en una excursión al campo.

Las posibilidades son muchas, aunque para desarrollar este hábito tendrás que poner en marcha tu creatividad. Estamos seguras de que tu NAS puede ayudarte con eso. Aprovecha cada oportunidad que tengas para que utilice sus sentidos, especialmente los que solemos descuidar un poco más, como el olfato o el oído. Trata de desarrollar en él la conciencia de los sentidos. Ayúdale a estar atento a la información que proviene desde diferentes vías y a ser consciente de sonidos, olores, sabores, o sensaciones que habitualmente pasamos por alto. Desarrolla en tu peque ese gran potencial.

Hábito 8

La naturaleza al rescate

La mayoría de los expertos están de acuerdo en que el contacto directo con la naturaleza tiene un efecto muy beneficioso en los NAS. Las salidas al campo pueden ser muy liberadoras y resultan de gran utilidad para recargar energía. No sólo son una actividad que les ayuda a reconectar con ellos mismos y a expulsar todo aquello que les carga, por lo que son ideales en situaciones de sobreestimulación, estrés y tensión acumulada; sino que, además, son una herramienta de prevención muy provechosa para evitar llegar a límites indeseados y disfrutar más el día a día.

Añadamos que a los NAS les resulta un ejercicio muy motivador que suelen disfrutar de una forma especial. Si a tu peque le cuesta salir de casa o crees que necesita relajarse, pero a la vez tener algo más de movimiento, esta puede ser una forma perfecta de alcanzar ambos objetivos. Propóntelo especialmente si observas en él pesimismo, falta de energía o apatía. El hábito de desarrollar contacto con la naturaleza nos enseña a cuidarnos a nosotros mismos, pero, a la vez, a fomentar el disfrute de los sentidos. Caminar, sentarse al aire libre, escuchar los sonidos de la naturaleza, sentir la brisa del viento y los cambios de temperatura; todo ello ejerce un efecto muy positivo en cualquier persona, pero aún más en un NAS.

Con la actividad que te proponemos a continuación, *La búsqueda*, queremos motivar a tu NAS a salir más a buscar el contacto con la naturaleza. Será una actividad que podréis repetir con cierta frecuencia para ir desarrollando ese hábito de salidas al campo y contacto con la naturaleza que tanto bien puede traer en los años venideros.

> **El contacto con la naturaleza proporciona un estado de bienestar, positividad y vitalidad.**

La búsqueda

La naturaleza es un recurso muy poderoso para liberar tensión y recuperar energía. Tiene, además, un efecto de aporte de vitalidad y contribuye a mantener un estado de ánimo positivo y de bienestar.

1. Preparaos para una salida al campo. Recordad llevar ropa y calzado cómodos y algo para picar. ¡No olvidéis la botella de agua! Dile a tu NAS que durante el paseo estaréis buscando y contando los diferentes tipos de árboles que veáis. Rétale a encontrar (y recordar) tantas especies de árboles como le sea posible.

2. Una vez que comencéis a caminar, fijaos en los diferentes tipos de árboles con los que os vayáis encontrando. Tal vez conozcáis el nombre de alguno de ellos, o tal vez no. Una buena ayuda puede ser recoger una hoja que haya caído al suelo en las proximidades del árbol para llevarla con vosotros como muestra y aseguraros de que no contáis la misma especie de árbol dos veces. Podéis también fotografiarlos con el móvil.

3. Continuad vuestra excursión y seguid buscando tantos tipos de árboles diferentes como veáis. Podéis sentaros a descansar en un lugar desde donde veáis una gran extensión y continuar la búsqueda. No olvidéis disfrutar de la naturaleza en su totalidad y poner en funcionamiento todos los sentidos.

Tal vez la mayoría de los árboles sean de la misma especie, pero muy probablemente encontraréis varios tipos de árboles diferentes durante una única salida. ¿Cuántos habéis podido encontrar hoy?

Trabajando *La búsqueda* en forma de hábito

Es mucho más motivador para un niño o niña si la salida a la naturaleza tiene un juego incorporado, y especialmente si hay un objetivo a mantener a lo largo de todo el camino. Por ello, esta suele resultar una actividad muy motivadora que utilizamos con frecuencia cuando salimos al campo con nuestros hijos. Para Sira, por ejemplo, caminar en la naturaleza puede ser tedioso, pero es capaz de andar durante kilómetros si está entretenida buscando algo.

Sin embargo, no se trata únicamente de realizar una serie de juegos que motiven a nuestros peques a incluir la naturaleza en su día a día. Además de que nuestros NAS disfruten de las actividades nuevas que les proponemos, queremos que comprueben que las salidas a la naturaleza, de por sí, tienen una serie de efectos beneficiosos en su cuerpo. Así que no olvides mencionar eso cuando estéis al aire libre, rodeados de plantas, animales y riachuelos. Hazle ser consciente de cómo respirar aire limpio nos hace sentir bien. Recuérdale lo bueno que es estar iluminado por la luz del Sol. Enséñale sobre el efecto positivo que los sonidos de la naturaleza, como el canto de los pájaros o el agua de un río en movimiento, ejerce sobre la mente. Habla con tu NAS del efecto relajante que tiene observar el color verde de las hojas. Es importante que sepa que no se trata sólo de un juego, sino de su propio bienestar.

Estas salidas se pueden realizar en pareja (sólo tu peque y tú) o en un grupo más grande con otras familias con niños y niñas. De esta forma, la experiencia se convierte también en un espacio de socialización muy divertido en el que poder asumir desafíos físicos junto a los amigos, como cruzar un río saltando de piedra en piedra, hacer carreras y trepar. Aprovecha cualquier oportunidad que creas que pueda ser motivadora para animar a tu NAS a salir al campo.

Podéis continuar buscando diferentes especies de árboles tal y como te hemos propuesto, pero lo ideal sería pensar nuevos objetivos para *La búsqueda* cada vez que salgáis de excursión. Tal vez tu peque te puede ayudar a encontrar propuestas con sus propias ideas. Quizá podéis buscar diferentes tipos de flores o frutos de los árboles. Pero no tenéis que limitaros a elementos físicos. ¿Qué tal hacer una lista de sonidos diferentes que escucháis mientras camináis? ¿Y una lista de olores? Sí, la cosa puede complicarse tanto como queráis.

Otra idea que suele funcionar muy bien con los NAS es recolectar materiales para después utilizar en manualidades, como hojas secas o piñas. Los NAS, gracias a su gran creatividad, son muy buenos encontrando cómo utilizar estos elementos para hacer creaciones artísticas. Pero además de eso, realizar una colección de un determinado elemento suele ser muy motivador por el aprecio que ellos tienen a las diferencias entre objetos similares.

Hábito 9

La respiración relajante

Ya hemos hablado repetidamente en este libro sobre la sobreestimulación. A lo largo del día, vamos recogiendo todo tipo de información que analizamos y procesamos con detenimiento. Especialmente en días con una mayor actividad, esto puede generar dificultades añadidas. A pesar de que las consecuencias de la sobreestimulación en nuestro cuerpo son más fácilmente observables a medida que nos hacemos más mayores, debido a que estas se incrementan a lo largo de los años, es fácil encontrar algunas evidencias de sobreestimulación en nuestros NAS. Es posible que hayas visto a tu peque alterado físicamente, moviéndose por los rincones nervioso. O puede, incluso, que lo veas cansado y apático, abrumado por una cantidad de información que no es capaz de manejar. Si ha sido así, en ambos casos el motivo puede ser la sobreestimulación. Al tratar de asimilar una gran cantidad de información al mismo tiempo, muchas veces, esto puede generar cierta saturación que sentimos en nuestros cuerpos como una pesada carga.

Es importante, en estos casos, relajar el cuerpo para que pueda seguir funcionando, algunas veces eso no es tan fácil, pero por lo general los ejercicios de respiración suelen ser de gran ayuda para hacer frente a la sobrecarga ocurrida por sobreestimulación.

A continuación te presentamos un ejercicio muy sencillo de respiración con el que podrás instaurar en tu NAS el hábito de la respiración relajante. Con ello, lo que pretendemos es que el cuerpo elimine la sobrecarga adquirida por el exceso de información y pueda continuar funcionando correctamente. Una rutina de respiración relajante se convertirá además en una herramienta muy útil para el futuro de tu peque.

Respiramos con las olas

Los ejercicios de respiración son una forma muy efectiva de hacer frente a la sobrecarga que los NAS pueden experimentar. Con este ejercicio queremos que tu peque elimine ese peso de su cuerpo.

1. Pídele que se tumbe. Puede ser sobre el sofá, una cama, o una colchoneta en medio del salón. Túmbate junto a él. A continuación, haz que cierre sus ojos. Hazle saber que tú los cerrarás también. Si necesita algo de seguridad, podéis tomaros de la mano. Dale unos segundos de silencio para relajarse.

2. Ahora dile que visualice el mar. Puedes hacerle recordar alguna vez que hayáis estado en la playa recientemente. ¿Recuerdas las olas? ¿Cómo se mueven las olas? Primero se acercan a la playa, y después se alejan. Vienen, y se van. Trata de hablar tan lentamente como te sea posible.

3. Ahora, pensad en una única ola. Imaginadla llegar a la orilla y visualizad cómo regresa de nuevo. Inspirad mientras la veis llegar. Detened la respiración un instante y espirad cuando la ola se esté alejando. Hacedlo varias veces. Cada uno por su parte. En silencio. Inspirad cuando la ola se acerque a la orilla. Espirad cuando se marche de nuevo. Cuando hayáis terminado, abrid los ojos, comentad lo que habéis experimentado durante unos segundos, y después, muy lentamente, incorporaos de nuevo.

Ahora tu NAS ya sabe cómo respirar con las olas. Bien trabajado, este puede ser un ejercicio que acompañe a tu peque por el resto de su vida.

Trabajando *Respiramos con las olas* en forma de hábito

Esta es una actividad muy simple, pero es necesario encontrar el momento apropiado para practicarla. Evidentemente requiere de un lugar adecuado, tranquilo y libre de ruidos. Pero, aparte de eso, la podemos poner en marcha casi en cualquier momento del día. Si ves que tu NAS está agobiado o nervioso, siéntale aparte y recuérdale que respirar con las olas puede ayudarle a calmarse. Acompáñale, al menos al principio, le ayudará que alguien esté a su lado haciendo lo mismo.

Enséñale que puede practicar esta actividad siempre que lo necesite; tanto cuando esté saturado como cuando se acerque un día o evento desafiante. Es importante que él mismo aprenda a identificar el momento de poner el ejercicio en marcha. Poco a poco irá asumiéndolo y llegará el día en que, aunque no pueda tumbarse físicamente, sólo el hecho de recordar las olas y concentrarse en su respiración ya ejercerá en él un efecto relajante.

Si ves que le ayudan los ejercicios de relajación, no te quedes sólo con este. Has de saber que existen principalmente dos tipos de ejercicios: los de respiración consciente, como este que te presentamos, y los de respiración profunda. Los ejercicios de respiración consciente son aquellos en los que nos concentramos en nuestra propia respiración. No tenemos ningún interés en modificar su ritmo, simplemente centrarnos en ella y convertirla en el foco de nuestra atención, aunque por lo general solemos tender a pausarla y hacerla más lenta por su efecto relajante. En los ejercicios de respiración profunda sí realizamos un cambio intencional del proceso inspiración-espiración, alargando cada una de estas fases de la respiración. La espiración debe ser en este caso el doble de larga que la inspiración. Normalmente contamos a medida que inspiramos y espiramos. Inspiramos contando lentamente hasta dos y espiramos contando hasta cuatro. Lo ideal es hacer una pequeña pausa entre inspiración y espiración reteniendo el aire en nuestros pulmones. Cuidado con la relajación profunda, no conviene repetirla más de cuatro veces en un niño. Además, es recomendable dejar un tiempo de recuperación antes de volver a la actividad para evitar posibles mareos. Pero realizado con calma y bien, se trata de un ejercicio muy bueno para relajarse y aclarar la mente.

Hábito 10

Liberar tensión

Como ya hemos mencionado anteriormente, las PAS tendemos a acumular tensión en nuestro cuerpo. La tensión muscular proviene de la saturación del sistema nervioso más sensible que nos caracteriza y puede acumularse fácilmente en nuestro cuerpo. Es posible que en nuestros NAS no detectemos una tensión muscular claramente observable o, incluso, preocupante, aunque sí podría darse el caso. Sin embargo, lo más común es una tensión más leve, aunque permanente, con la que aprenden a convivir sin llegar a ser conscientes de cuánto les afecta en realidad. Esta tensión hace que se aproximen a sus límites de forma más rápida y tengan un margen de respuesta a la saturación mucho menor.

Si observas que tu peque se frustra con facilidad o tiende a sufrir niveles altos de nerviosismo y agitación, puede ser debido a un nivel de tensión acumulada más alta de lo deseable. También podemos ver niveles altos de tensión en niños y niñas que están pasando por temporadas de estrés o ansiedad. Además, esta puede ser también causante de rabietas y de episodios de descontrol en tu NAS. Mantener un cuerpo relajado y libre de tensión acumulada le ayudará a enfrentar mejor las situaciones que requieren más de sí mismo y producen cierta alteración.

A continuación, encontrarás la actividad *Soy una marioneta*. Con ella pretendemos que tu hijo identifique los músculos en los que acumula tensión y aprenda a liberarla de forma intencional. Este puede ser un ejercicio difícil de dominar al principio, por lo que requerirá cierta práctica y constancia. Sin embargo, una vez que se ha dominado, los efectos que produce serán de gran ayuda.

> **El estrés, la ansiedad, la frustración y las rabietas siempre van de la mano de la tensión acumulada.**

Soy una marioneta

La tensión acumulada puede ser la que origina muchas de las dificultades que experimenta tu NAS. Con esta actividad aprenderá a identificarla y eliminarla de forma intencional.

1. Crea un espacio relajado y libre de distracciones y ruidos. Necesitarás que tu peque se tumbe sobre una superficie plana y cómoda. Explícale que en este juego él va a ser una marioneta y tú dirigirás su cuerpo. Pero tiene que dejarte hacerlo. Para ello, es necesario que relaje los músculos completamente, como si estuvieran dormidos. Deja que se relaje y cierre los ojos mientras sabe que estás ahí mismo, a su lado.

2. A continuación, acerca tus manos a uno de los dedos de su mano y levántalo levemente. Después suéltalo, tiene que caer del todo, como inerte. Si no ocurre así, es porque todavía hay cierta tensión en sus músculos. Hazle saber que necesita relajar más ese músculo, si no, no puedes moverlo como una marioneta. Inténtalo varias veces y dile cuándo lo está consiguiendo y cuándo no. Pero especialmente reconoce como un éxito cuando lo consiga y anímale cuando no lo haga del todo.

3. Repite lo mismo con diferentes dedos. Debes sentir que están relajados. Después ve probando el nivel de relajación de otros músculos más grandes. Prueba primero con la mano, después con todo el brazo y ve realizando el ejercicio con diferentes par-

tes del cuerpo. Ten mucho cuidado al soltar sus extremidades, hazlo con mucha delicadeza, especialmente si se trata de una pierna o un brazo completos.

Es posible que, al principio, relajar los músculos no sea tan sencillo y muchos de ellos presenten cierta tensión. Se trata de un ejercicio que mejora mucho con la práctica.

Trabajando *Soy una marioneta* en forma de hábito

Si quieres conseguir en tu peque el hábito de liberar tensión, deberás repetir este ejercicio de forma continuada. Te recomendamos trabajar este hábito de forma habitual, varias veces por semana. Tal vez quieras comenzar por algo más sencillo, como levantar la muñeca, o levantar el codo de tu peque y comprobar cuánta resistencia oponen sus músculos al hacerlo. Recuerda que debes sentir su peso completamente y, al soltarlo, no debe mantenerse suspendido ni un pequeño instante. Debería reaccionar como si no tuviera vida, como un objeto. Si te cuesta detectar la tensión, levanta su mano mientras está dormido, ¿ves cómo reaccionan sus músculos?

Es importante que él sea capaz de darse cuenta de cuándo no está siendo una marioneta y cuándo sí. Si ves que no entiende la diferencia, intercambiad los papeles. Deja que levante tu muñeca mientras estás tumbado, pídele que levante tu muñeca mientras la controlas tú, después relájala del todo y que vuelva a intentarlo. Eso le ayudará a ver qué es lo que ha de conseguir.

No dejes que se frustre si no le sale al principio, seguid intentándolo hasta que consiga al menos relajar un poco más el músculo. Reconoce la mejora y después interrumpid el ejercicio por el momento. Retomadlo otro día y trata de que se produzca otra mínima mejora. Saber que se consiguen pequeñas mejoras cada día es un aliciente para continuar.

Poco a poco, tu peque irá teniendo consciencia de sus músculos, será capaz de concentrarse en ellos, detectar la tensión acumulada y podrá reducirla. Con la práctica no será necesario tumbarse y cerrar los ojos para relajar una determinada zona. Esto le aportará una gran cantidad de ventajas al adulto en el que se convertirá.

BLOQUE 2
Hábitos de autocuidado cognitivo. Anímale a que cuide su mente

Introducción

Pasamos a continuación al segundo bloque de hábitos para trabajar el desarrollo y optimización de la gestión del rasgo de tu NAS. Como siempre, te recordamos que tu peque es único y completamente diferente a todos los demás. Es cierto que podremos observar en él una serie de características ligadas al rasgo de la alta sensibilidad, pero tendrás que analizar muy bien cómo estas características están presentes en él y repercuten en su día a día.

Por supuesto, algunas de estas características pueden estar influyendo de forma positiva, serán las que trataremos de impulsar y fortalecer para que su beneficio sea aún mayor. Pero habrá otras que lastimen y perjudiquen su día a día. Es importante detectarlas también y trabajar en ellas limitando su impacto y eliminándolas en la medida de lo posible, o al menos, reduciendo o controlando su presencia.

Presta atención a las luces y sombras que te presentamos a continuación. ¿Cuáles has detectado en tu peque? ¿Cuáles crees que le aportarían más beneficio al trabajarlas? Toma buena nota de ellas antes de decidir qué hábitos poner en marcha.

Luces del NAS en el nivel cognitivo

En líneas generales, cuando hablamos de las PAS, nos referimos a individuos con un gran abanico de intereses y una profunda curiosidad. Tal vez has observado la satisfacción que supone para tu NAS adquirir nuevos aprendizajes y descubrir nuevos conocimientos. Las PAS nos fijamos en detalles y nos sentimos bien entendiendo cómo funcionan las cosas y reuniendo datos curiosos. Podemos sentirnos atraídas por una gran variedad de temas.

Gracias a ese conocimiento y variedad de intereses, y unido además a nuestra mayor capacidad empática y la percepción especial del lenguaje no verbal, somos también buenas comunicadoras. Poseemos un gran potencial para expresarnos verbalmente, que bien trabajado, puede convertirse en una potente habilidad comunicativa. La conversación puede ser una herramienta con un gran potencial en los NAS.

Al tratarse de sujetos con una vívida creatividad, la capacidad de búsqueda de diferentes posibles soluciones es también destacada. Los NAS son capaces de encontrar una mayor posibilidad de alternativas a un problema dado y dar, de esta forma, con mejores soluciones. Esta es una cualidad que puede proporcionarles importantes beneficios a lo largo de su vida.

Se trata además de niños y niñas concienzudos que tienen un gran sentido de los valores. Por lo general, ahondan con mayor profundidad en el sentido del bien y del mal, y alcanzan un mayor desarrollo moral.

Sombras del NAS en el nivel cognitivo

Una de las principales características adversas asociada al rasgo de la alta sensibilidad en el área cognitiva está también ligada a la sobreestimulación. Las PAS tendemos a saturar nuestras mentes con un exceso de información que suele tener repercusiones negativas manifiestas de formas muy diferentes. Por ello, será fácil ver en nuestros NAS una tendencia al desbordamiento o incluso al bloqueo mental que puede llegar a paralizarles temporalmente. El pensamiento rumiativo o la ansiedad anticipatoria por incertidumbre son dificultades muy asociadas con esta misma saturación y muy comunes en las PAS. Es importante comenzar a trabajar estas cuestiones en edades tempranas para reducir esa necesidad de vaciamiento de la cabeza saturada que puede observarse fácilmente ya en los NAS. De esta forma, podríamos también reducir dificultades asociadas, y frecuentes en las PAS, como lo son la dificultad para poner límites, de asimilar cambios y para tomar decisiones.

Otras dos características habituales en los NAS, y que muy probablemente hayas observado en tu peque, son las de la baja autoestima y el perfeccionismo exagerado. Ambas pueden aparecer de la mano y contribuir al refuerzo de la otra. Estas son dos características que pueden tener un importante impacto negativo, especialmente en edades más tempranas, y que te recomendamos trabajar si las observas de forma notoria en tu peque.

Hábito 11

Autoestima infantil: Se busca

En una sociedad como la occidental, en la que algunas características de la alta sensibilidad no se encuentran entre las más deseables en una persona y que, además, es este un rasgo que comparte una minoría, las PAS sufrimos muchas veces de una baja autoestima. Nuestra forma de actuar y nuestros gustos son, a menudo, diferentes a los de aquellos que nos rodean, quienes cuestionan nuestras preferencias y nos hacen sentir diferentes. Estas apreciaciones están presentes en la forma en que nos autopercibimos y autovaloramos, de ahí que la estima hacia nosotros mismos se vea afectada de forma negativa.

La autoestima es, por lo general, una de las áreas más importantes a trabajar en el desarrollo de ciertos niños, los NAS son potenciales candidatos para incluir en este grupo. Examina la forma en que tu peque se trata a sí mismo, si observas que es duro consigo mismo o se compara en exceso con otros sintiéndose no tan bueno como los demás o no confía lo suficiente en sus habilidades y capacidades, este es definitivamente un hábito que querrás desarrollar en él.

Como ya te hemos mencionado, la autoestima se forma a partir del modo en que nos percibimos a nosotros mismos, sin embargo, buena parte de esta percepción la formamos a partir cómo creemos que otros nos perciben. Es importante, por ello, identificar y reforzar aquellas percepciones positivas que nos trasladan otros y que, por lo general, los niños con una baja autoestima tienden a pasar por alto. Con *El tarro de las palabras mágicas* queremos que tu peque reconozca su valor atendiendo a esas palabras de aliento y reconocimiento que provienen tanto de su percepción como de la de otros.

> **Aprende a darte cuenta de las percepciones positivas de tu persona y guárdalas en un lugar seguro.**

El tarro de las palabras mágicas

La baja autoestima puede ser un gran enemigo de tu NAS tanto a nivel personal como profesional en el futuro. Acompañar a tu hijo o hija en el desarrollo de una autoestima saludable puede ser un gran regalo.

1. Busca un tarro o una botella que pueda abrirse y cerrarse fácilmente. Te recomendamos que sea transparente para que pueda verse el contenido desde su exterior. También necesitarás trocitos de papel en los que escribir pequeñas frases. Te animamos a utilizar papeles de colores.

2. Explica a tu peque que a menudo las personas nos regalan palabras y acciones importantes que nos ayudan, pero que tendemos a olvidar fácilmente. Con esta actividad, vamos a recogerlas y a guardarlas para obtener todo el beneficio que tienen para nuestras vidas. Enséñale el tarro y explícale que las guardaremos ahí.

3. A partir de este momento, cada vez que alguien diga una palabra de reconocimiento a tu peque, tendrá que recordarla para anotarla en un papelito, enrollarlo e introducirlo en el tarro. Cualquier palabra o acción sirve. Ponle algunos ejemplos: la profesora reconoce: «qué bien has trabajado hoy», un amigo le da las gracias por compartir, o la abuela dice: «te quiero». También puede escribir cosas que él mismo cree que ha hecho bien, como ayudar a su hermano con los deberes o ser respetuoso.

Anímale a recordar y escribir tantas *palabras mágicas* como sea posible. Ved cómo el tarro se va llenando poco a poco y disfrutad de su magia.

Trabajando *El tarro de las palabras mágicas* en forma de hábito

Las palabras son poderosas, especialmente cuando las reconocemos y recordamos. Con este ejercicio, tu peque tendrá que hacer un esfuerzo por identificar y recordar el *feedback* positivo que recibe de otros. Anotarlo y conservar el papel es un importante ejercicio de asimilación y afirmación que puede generar un efecto muy beneficioso en tu NAS. El hecho de tener el tarro a la vista y ver cómo se va llenando poco a poco, le ayudará a recordar estas palabras. Es posible incluso que en algún momento quiera abrirlo y releer lo que hay dentro. ¿Verdad que esas *palabras mágicas* hacen que uno se sienta bien?

Especialmente al principio, tu peque podría no darse cuenta de las *palabras mágicas* que recibe. Es importante que estés atento a ellas y seas tú quien le ayude a detectarlas. Poco a poco, a medida que el hábito se va afianzando, tu peque estará más preparado para ser consciente del reconocimiento de los otros. Anímale a incluir también su propio reconocimiento. Conversa sobre qué cosas le gustan de sí mismo, sobre cuáles cree que son sus cualidades y sus mayores virtudes. Estas pueden ser palabras estupendas para comenzar a llenar el tarro.

A medida que avanzáis en este ejercicio, propicia que las frases sean escritas en primera persona del singular. El objetivo es que él acabe escribiendo frases como «Soy buena estudiante» o «Soy generoso»; una persona se define a sí misma por aquellas acciones recurrentes, no por sucesos puntuales. No obstante, requerirá algo de tiempo que asuma estas características como propias. Al principio, cuando su profesora le felicite por haber hecho bien una tarea, anímale a escribir: «He hecho bien la tarea», en lugar de: «Mi profesora me ha felicitado por la tarea». Poco a poco, a medida que vayan repitiéndose este tipo de reconocimientos, ayúdale a interiorizarlos. Es posible que al inicio, después de haber sido felicitado por su profe, no reconozca «Soy un buen estudiante» como una verdad a escribir, y es importante que crea y asuma como verdad las palabras que introduce en el tarro. De modo que si las primeras veces escribe: «Hoy he hecho bien mi tarea en el colegio», poco a poco, mediante la repetición irá asumiendo que es bueno haciendo tareas y será mucho más fácil reconocerlo y escribirlo. Es posible que sea un proceso que lleve algo de tiempo, pero, poco a poco, incentívale a escribir frases que describan cada vez más sus características personales, no meramente palabras que se dicen a su alrededor.

Es posible que el tarro no esté presente toda su vida, tampoco es lo que pretendemos, pero bien mantenido durante una buena temporada le enseñará a reconocer y afianzar las percepciones positivas que recibe. Esto le ayudará a ser más consciente de su valor, pero también a reconocer y estar más abierto al refuerzo positivo de otros. Con el paso del tiempo, cuando el hábito haya sido asumido, aunque el tarro haya dejado de estar presente, tu peque seguirá identificando y asimilando las *palabras mágicas* que otros le brindan.

Hábito 12

Un diálogo interno constructivo

Nuestro autoconcepto, la actitud que tenemos frente a la vida o el tipo de pensamientos que albergamos son elementos que difieren en cada uno de nosotros y determinan en gran parte la forma en que actuamos y nos sentimos con respecto a nuestras circunstancias. Es cierto que todo esto se origina en buena parte a raíz de experiencias que vivimos y en lo que otros dicen de nosotros, pero, en última instancia, toda esta información es procesada a través de nuestro diálogo interno antes de ser asumida. Tal y como su nombre indica, el diálogo interno es esa conversación que, de forma más o menos consciente, todos tenemos con nosotros mismos. Si este diálogo está caracterizado por una crítica constante a uno mismo, los resultados pueden ser muy negativos. Sabemos ya que las PAS somos personas con una mente analítica y crítica con respecto a todo aquello que nos rodea, pero más aún cuando se trata de nosotras mismas. En ocasiones, las PAS nos mostramos empáticas y compasivas con otros, pero no con nosotras mismas. El buen trato hacia uno mismo comienza en el diálogo interno, y ahí surge la importancia de trabajar este hábito en nuestros NAS para generar actitudes positivas a nivel cognitivo.

Si has observado que tu peque es duro consigo mismo y critica sin compasión aquellos aspectos relacionados con su persona, sería muy beneficioso para él el desarrollo de este hábito con el que fomentar un diálogo interno positivo que contribuya a su fortalecimiento y avance.

En la actividad que te proponemos a continuación, queremos trabajar en el diálogo interno de tu NAS para hacerlo más constructivo. Utilizaremos para ello algunas características que destacan en los NAS, como la capacidad empática y las habilidades de comunicación verbal.

Hablarnos en positivo nos ayuda a avanzar.

Conversaciones con mi yo

Esta práctica está diseñada para que puedas acompañar a tu NAS en la toma de conciencia sobre su diálogo interno, mostrándole una forma más constructiva de hablarse a sí mismo.

1. Vamos a necesitar algo que represente a tu peque. Una figura tipo *peg doll* sería ideal, porque así lo mantendremos neutro, sin expresiones de emoción. Pero cualquier muñeco pequeño también puede funcionar. Pon la figura frente a vosotros, explícale en qué situación se encuentra la figura y cómo se siente (utiliza un momento pasado en el que tu peque haya sido muy crítico consigo mismo, pero no le digas todavía que se trata de él).

2. Explícale que algunas veces, cuando nos hallamos en una situación complicada, nos hablamos con mucha dureza; dile algunas de las cosas que la figura *se está diciendo* a sí misma. Hazle ver cómo eso le daña. A continuación, pregúntale: ¿qué cosas crees que podríamos decirle nosotros para ayudarle? Déjale que piense unos segundos y si no se le ocurre nada, dale algunas ideas y la oportunidad de añadir más. Hazle darse cuenta de cómo esas nuevas ideas le ayudan mucho más.

3. Explícale que eso mismo le paso a él la última vez (ahora sí, hazle recordar esa situación en particular), y nos pasa a todos constantemente, pero tenemos que aprender a decirnos cosas que nos

ayuden. Dile que la próxima vez que le ocurra eso, tomaréis la figura, imaginaréis que es él mismo y pensaréis en qué otras cosas podéis decirle para ayudarle y no dejar que se lastime a sí mismo.

Todo está preparado para que el próximo diálogo interno ocurra de una forma más intencional y amorosa.

Trabajando *Conversaciones con mi yo* en forma de hábito

Una vez establecida la actividad inicial, llega el momento más desafiante, comenzar a utilizar la figura y la conversación con ella cuando haya necesidad. Tendrás que esperar a que llegue el momento en que tu peque esté siendo muy duro y utilice un diálogo interno destructivo. Identifícalo y, con mucha suavidad, atrae su atención hacia ello. Recuerda que es un momento delicado, debes tratarle con comprensión y suavidad.

Hazle ver que la situación es compleja y que entiendes que eso le haga experimentar algunas emociones desagradables. Pon frente a él la figura y dile, «este eres tú, ha pasado esto y te sientes así». Anímale a poner palabras a lo que siente, pero no dejes que se hable de una forma destructiva. Si eso ocurre, recuérdale que ese tipo de cosas no ayudan, al contrario, lastiman y no nos permiten avanzar. Hazle pensar en qué otras cosas podrían ocurrírsele en su lugar. Es posible que al principio sea muy difícil encontrar cómo hablar positivamente, por eso es muy importante que le des algunos ejemplos. No te sientas fracasado si no se le ocurre nada las primeras veces. Encárgate de decir tantas cosas positivas como puedas, serán modelos que utilizará en otras ocasiones más adelante.

A medida que la actividad se repita, el repertorio de palabras y frases positivas será más amplio en tu NAS e irá adquiriendo un modelo de conversación positiva hacia sí mismo. Después de varias repeticiones, será mucho más fácil para él aportar ideas que ayuden. Poco a poco, este hábito se integrará en su propio diálogo interno, y se convertirá en uno mucho más positivo y constructivo.

Hábito 13

Fomenta la actitud positiva

El pensamiento positivo caracteriza a algunas personas que tienden a ver el lado positivo y a no venirse abajo ante cualquier situación adversa. Es algo más natural para unos que para otros, pero la buena noticia es que se puede entrenar y, aunque puede implicar algo de trabajo y esfuerzo, es conseguible. El tipo de pensamiento que favorezcamos determinará en buena medida nuestra actitud, una actitud positiva nos ayudará a enfrentarnos a los desafíos de forma resolutiva y eficaz. Para lograrla, necesitamos desarrollar esa capacidad que todos tenemos de percibir lo que nos rodea de una forma positiva y constructiva. A algunas PAS esto les puede resultar una tarea completamente acorde a su naturaleza, pero para otras puede suponer todo un reto.

Tal vez has notado en tu peque una cierta tendencia al pesimismo y al desánimo. Esto es fácilmente observable en un NAS frente a cambios inesperados, por ejemplo. Normalmente un niño o niña con una tendencia al pensamiento pesimista evidenciará sentimientos de derrota y fracaso con mayor frecuencia, que incluso le afectarán en su forma de percibirse a sí mismo y el esfuerzo con el que se enfrenta a las tareas. Una actitud positiva, alentada por el pensamiento positivo es un fuerte aliciente para la superación personal y un estado anímico que potencia la salud y el bienestar.

En la actividad que te proponemos a continuación presentamos a tu peque las dos formas de pensamiento desde las que puede percibir la realidad. El objetivo de este ejercicio es experimentar el pensamiento positivo y sus consecuencias para, a continuación, trabajar y desarrollar el hábito de fomentar este tipo de pensamiento.

> **Una actitud más positiva para con nuestra vida hace nuestra vida más positiva.**

Cambio de gafas

En esta actividad queremos aportar una perspectiva diferente al pensamiento de tu peque para arrojar una mayor positividad y optimismo.

1. Necesitaréis dos pares de gafas con cristales diferentes. Uno de los pares debe tener cristales oscuros, el otro, claros, recomendamos color amarillo si es posible. Puedes comprarlas, pero también puede ser divertido hacerlas vosotros mismos con cartulinas y papel celofán. En Internet hay cientos de plantillas para imprimir.

2. Mientras las construís, o una vez que las hayas comprado, habla con tu peque. Explícale que, a veces, vemos nuestro alrededor a través de un filtro que lo tiñe todo. En ocasiones lo vemos todo oscuro, eso afecta negativamente a nuestra forma de actuar y no conseguimos lo que queremos. Si le pones un ejemplo reciente en el que no haya podido ver la realidad debido a su negatividad, lo entenderá mejor.

3. Haz que se ponga las gafas oscuras. Ponle en contexto, descríbele una situación concreta en la que suela tender al pesimismo. Pídele que te describa cómo se siente. Hablad de ello, deja que sea pesimista. A continuación anímale a ponerse las gafas claras. Dile que imagine que ve la situación desde una perspectiva más optimista. *¿Qué cosas positivas se te ocurren que podrías sacar de esa situación?* Seguramente no es tan malo, podría ser peor. *¿Qué*

es lo bueno o no tan malo? ¿Qué posibilidades existen todavía? ¿Qué podrías decirte a ti mismo para animarte?

El cambio de gafas está listo para ser utilizado en momentos de necesidad, cuando tu peque se esté dejando llevar por el pensamiento negativo.

Trabajando *Cambio de gafas* en forma de hábito

La actividad que te describimos en la página anterior es un pequeño ejercicio que trata de hacer que tu peque entienda cómo funciona el pensamiento negativo y el pensamiento positivo. Lo que tratamos de conseguir en él es que experimente la diferencia entre ambos tipos de pensamiento y compruebe su gran efecto. Con esta primera toma de conciencia, queremos que entienda la importancia del hábito que a continuación trataremos de reforzar y desarrollar.

Una vez que ha comprendido el significado de las gafas con cristales de colores y su efecto en nuestro pensamiento, llega el momento de aplicarlo a la realidad. Cuando veas a tu peque en una posición pesimista, siéntate junto a él a solas y recuérdale el cambio de gafas. Acércale los dos pares de gafas. Explícale que ahora lo está viendo todo con los cristales oscuros. Es posible que quiera tomar las gafas de cristales oscuros y poner palabras a sus pensamientos. No lo evites, una actitud positiva supone realismo, comprender lo que está ocurriendo y aceptar la realidad. Se trata de un paso previo importante para poder cambiar una realidad que nos genera conflictos. En la crianza consciente de nuestros hijos, no queremos promover la inhibición del pensamiento, sino acompañarlo para la gestión de situaciones desafiantes con una actitud positiva.

A continuación, anímale a ponerse las gafas de cristales claros y ayúdale a identificar tantos aspectos positivos como sea posible. ¿Qué elementos puede encontrar que hagan la situación no tan oscura? ¿Cómo puede sacar lo mejor de esta situación? ¿De qué forma puede poner a trabajar sus habilidades y talentos? Comienza tú con las ideas que se te ocurran, especialmente las primeras veces tal vez necesite ayuda para arrancar. Anímale a que aporte sus propias ideas.

Es muy importante que habléis de cómo se ve la situación desde una perspectiva (gafas oscuras) y otra (gafas claras). E, igualmente, es importante pensar en las diferentes acciones a las que nos conducen una y otra. Poco a poco, el pensamiento positivo tendrá más recursos para imponerse al negativo.

Hábito 14

Gestión de cambios e incertidumbre

Las PAS adultas tendemos a acomodarnos en situaciones conocidas sobre las que poseemos cierto control. No suelen gustarnos los cambios y, por lo general, los llevamos más bien mal. Evidentemente, los NAS batallan con lo mismo, presentan cierta dificultad para asimilar cambios y suelen preferir *lo malo conocido*.

Pero además, por si eso fuera poco, los NAS se sienten a menudo desbordados por la incertidumbre y la ansiedad anticipatoria de las actividades que están por venir, de las que, generalmente, tienen un conocimiento bastante limitado. A menudo, compartimos con ellos los planes más próximos, pero pasamos por alto los más alejados en el tiempo. La falta de anticipación, así como el cambio repentino en las actividades programadas, suele resultar en su caso en bloqueos que les impiden disfrutar, incluso, de actividades que le parecerían divertidísimas en otras condiciones.

¿Has observado alguno de estos bloqueos en tu peque? Tal vez le has visto paralizado ante una actividad a la que creías que respondería de una forma diferente. O tal vez su respuesta ha sido la de un visible enfado, incluso llegando al berrinche y negándose a participar. Por sus características, los NAS suelen requerir un mayor tiempo de preparación para los acontecimientos, por lo que tener una ligera visión de lo que ocurrirá en los próximos días puede resultarles muy beneficioso.

El ejercicio que te presentamos a continuación tiene un doble objetivo: por un lado aprender a gestionar los cambios que suceden en el día a día; por otro, pretendemos darle una herramienta que le ayude a anticipar los sucesos próximos y poder así disfrutarlos sin bloqueos.

> **La anticipación y la planificación son unas excelentes herramientas para controlar el bloqueo debido a los cambios y la incertidumbre.**

El planificador mensual

Con esta actividad queremos dotar de una herramienta a tu peque que le ayude a gestionar los cambios y la incertidumbre del futuro.

1. Necesitaréis un planificador mensual en el que podáis escribir o colocar actividades. Puedes comprarlo, pero hay muchas formas creativas de hacerlo vosotros. Echadle un vistazo a Internet. Siéntate junto a tu peque frente al planificador y explícale su funcionamiento. Háblale de días y de semanas e identificad en qué día os encontráis en ese preciso momento. Dependiendo de la edad de tu peque, esto puede requerir más o menos tiempo.

2. Comenzad a colocar las actividades importantes de todo el mes. Podéis marcar los días de colegio, los días en los que asiste a algún tipo de actividad extraescolar, citas médicas o del dentista, así como posibles actividades o salidas familiares. Hazle partícipe de ello. ¿Hay algún cumpleaños familiar durante ese mes? Puede ser una buena idea incluirlo también.

3. Enséñale a añadir actividades, a eliminarlas y a cambiarlas (asegúrate de que esto sea una opción en vuestro planificador). Explícale que esto es algo normal y que algunas de esas actividades no pueden cambiarse fácilmente, pero hay otras que son susceptibles a estos cambios y a veces tenemos que ser flexibles.

¡El planificador mensual está listo! Mantenedlo actualizado y añadid o modificad las actividades que tengáis planeadas. No olvidéis utilizarlo diariamente.

Trabajando *El planificador mensual* en forma de hábito

Este es un hábito sencillo de transmitir para algunos padres y madres, pero resulta mucho más complicado para otros. Si eres una de esas personas que no puede vivir sin su agenda, seguramente sepas perfectamente cómo mantener el planificador mensual funcionando. Pero si, por el contrario, sueles prescindir de tu propio organizador, es posible que tener que hacer uso de uno mensual pueda convertirse en una tarea tediosa e incómoda para ti. Piensa en los beneficios que este pequeño ejercicio puede tener para tu NAS. Si lo prefieres, puedes convertirte en un mero supervisor del planificador, asegurándote de que tu peque lo usa, pero otorgándole a él la responsabilidad de mantenerlo actualizado. Eso sí, no olvides compartir con él nuevas actividades y cambios en la agenda familiar, anímale a registrar esos planes en el planificador mensual.

Para tu peque, poder tener toda la información de un mes completo de un solo vistazo puede resultar tranquilizador. Ten cuidado de no sobrecargar su agenda y de que el planificador sea lo suficientemente grande para que las actividades tengan espacio necesario. De lo contrario, su efecto puede llegar a ser negativo, proporcionando al peque una sobrecarga y sobreestimulación que no queremos para él y que podría resultar contraproducente.

Poco a poco, a medida que vaya utilizando su planificador, se irá sintiendo más cómodo con su uso. Esta puede ser, además, una gran herramienta para su futuro. No olvides que a través de ella puedes también enseñarle a hacer un buen uso de su tiempo e incluir en él esas actividades tan necesarias para el autocuidado, échale un vistazo al Hábito 5 del bloque anterior.

Hábito 15

Aligerar la cabeza saturada

La tendencia a la saturación es una de esas características de la alta sensibilidad que más problemas suelen darnos. En el terreno cognitivo, esto se traduce en una gran actividad mental que nos invalida o no nos permite funcionar correctamente. A menudo acumulamos en nuestra mente ideas, planes y problemas que ocupan un espacio importante y que nos hacen sentir abrumados. Por lo general, identificar todo lo que tenemos dentro nos ayuda a enfocarnos y liberarnos, pero este es un ejercicio bastante poco natural para nosotras y que muchas veces no sabemos cómo poner en marcha.

Tu NAS puede estar lidiando con muchos estímulos que dan vueltas dentro de su cabeza. Esto puede generar un nivel de estrés y ansiedad que es importante identificar y trabajar adecuadamente para eliminar las posibles consecuencias negativas. Una mente libre de saturación le ayudará a llevar una vida más tranquila y a rendir mejor en sus actividades diarias, especialmente las que requieren cierto esfuerzo cognitivo.

A continuación, te presentamos el ejercicio *Vaciando la mochila*. Se trata de un ejercicio de visualización que pretende hacer consciente a tu peque de su saturación mental. Es posible que, además, tu peque consiga con él identificar algunos de los estímulos que están generando esa sobrecarga mental, lo que le ayudará a ser consciente de su presencia. Identificar los problemas o las preocupaciones que nos atribulan es un primer paso para reducir el efecto que tienen en nosotros.

> **Lidiar con la sobrecarga mental requiere vaciar la cabeza saturada.**

Vaciado de mochila

Con este ejercicio de visualización, tu peque aprenderá a identificar las señales de una cabeza saturada. Ser consciente de la saturación mental es un primer paso para combatirla.

1. Comienza a trabajar este ejercicio un día que tu peque esté sufriendo cierta tensión debida a la saturación mental. Explícale que a veces necesitamos liberar nuestra cabeza para poder funcionar correctamente. Anímale a detener lo que esté haciendo durante un rato y buscad un lugar tranquilo donde pueda relajarse.

2. Pídele que se sienta cómodamente y cierre los ojos. A continuación, con voz pausada y suave, explícale que a veces la cabeza es como una gran mochila llena. Es necesario sacar algunas cosas para aligerar su peso, si no, no podremos cargarla de nuevo con otros objetos útiles y divertidos.

3. Pídele que se visualice llevando puesta una mochila muy pesada. A continuación debe imaginarse que abre la mochila, poco a poco, lentamente. Anímale a introducir la mano en ella y sacar algo de dentro. Tal vez un libro muy pesado. Haz que lo deposite en la mesa y continúe sacando más cosas. Poco a poco, la mochila se va sintiendo más ligera. El peso va desapareciendo.

¡La mochila es ahora más ligera! Es hora de volver a nuestras tareas diarias.

Trabajando *Vaciado de mochila* en forma de hábito

Aunque pueda parecer una práctica superficial, te sorprenderá comprobar lo que un simple ejercicio de visualización es capaz de conseguir. Queremos que el peque sea consciente de qué es la saturación mental y cómo repercute en su funcionamiento diario, pero además queremos transmitirle que no necesita convivir con ella durante largos períodos de tiempo.

Es importante repetir este ejercicio varias veces para comenzar a notar efectos de cierta relevancia, aunque es posible que desde el primer momento el NAS experimente cierta liberación de tensión por el simple hecho de tratarse de una actividad que anima a parar y concentrarse en uno mismo. Las primeras veces repite el ejercicio tal y como se describe en la página anterior, poco a poco puedes ir profundizando con él en aquello que está ocupando un lugar en su mente y está contribuyendo a esa saturación.

Una vez que el ejercicio esté asimilado y lo hayáis practicado varias veces, pregúntale, a medida que saca objetos de su mochila, qué cree que pueden ser esos objetos. ¿Qué cosas hay en su cabeza que la mantienen llena? ¿Tal vez es algo que tiene que hacer próximamente?, ¿o un problema que le preocupa?, ¿una pelea con un amigo?…

Identificar algunos de esos elementos que llenan su cabeza es un objetivo muy importante, ya que ser consciente de esas ideas que le saturan es el primer paso para gestionarlas. No obstante, ten presente que ese es un objetivo a largo plazo, al principio, hacerle entender que nuestra cabeza está llena y necesitamos vaciarla para seguir trabajando es una meta más que suficiente. A medida que el hábito se integre y tu peque trabaje en liberar su mente, será consciente de todo lo que hay en ella.

Hábito 16

La trampa de la parálisis por análisis

Nuestra vida está llena de decisiones que tomamos a diario, algunas más sencillas que otras, pero decisiones al fin y al cabo. Las PAS no somos precisamente buenas en la toma de decisiones, normalmente nos cuesta decidirnos ante diferentes opciones, cuantas más alternativas existen, más difícil se nos hace escoger una de ellas. Esto está muy relacionado con nuestro perfeccionismo. Nuestra mente tiende a buscar la opción perfecta, y eso no siempre es posible. Algunas veces no existe la opción perfecta que cumplirá con cada uno de nuestros requerimientos y tendremos que conformarnos con una opción que no es tan buena como la que esperamos encontrar, en este caso, tendemos a querer seguir buscando opciones sin poder llegar a tomar la decisión final. Otras veces, existen varias opciones que podrían ser escogidas igualmente porque dan respuesta a lo que queremos, sin embargo nos dedicamos a analizar a fondo cada una de las posibilidades para determinar cuál sería la mejor entre todas. El análisis puede resultar muy complejo cuando todas ellas son igualmente plausibles, pero cada una de ellas aporta diferentes extras, nuevamente la decisión final resulta imposible de tomar. El problema se vuelve incontrolable cuando la cantidad de opciones a elegir es inmensa y, aunque hemos valorado varias buenas opciones, no podemos decantarnos por ninguna de ellas porque necesitamos comprobar que ninguna de las restantes es mejor que las que ya hemos visto, aunque cumplan con lo que buscamos. En todos estos casos, lo que se ha producido es una parálisis por análisis.

Nos vemos imposibilitados de tomar una decisión porque estamos inmersos en un análisis excesivo del que no podemos escapar.

Es posible que esta sea la razón por la que a tu NAS le cuesta elegir el sabor de helado que quiere tomar, especialmente ante una carta llena de posibilidades, o por lo que no se decide dónde celebrar su cumpleaños. Es imposible decantarse por una opción sin asegurarse primero de que las opciones desechadas no tendrán algo mejor que estamos descartando. Además, ten en cuenta que tu hijo ve más opciones que los peques que tienen una sensibilidad media o baja, debido al procesamiento profundo de la información y la captación de sutilezas. Si crees que a tu peque le cuesta tomar decisiones, te recomendamos trabajar este hábito con él, porque, por lo general, el problema tiende a incrementarse con los años cuando tanto elecciones como alternativas tienden a aumentar también. Ser capaz de elegir de una forma efectiva será una herramienta imprescindible para su vida.

La siguiente actividad pretende que tu peque sea capaz de hacer elecciones rápidas y adecuadas, y se acostumbre a conformarse con una opción sin necesidad de desperdiciar una importarte cantidad de tiempo en analizar profundamente todas y cada una de las opciones existentes. Le proporcionaremos una cantidad de alternativas tal que el hecho de analizarlas todas estará fuera de su posibilidad, por lo que de alguna manera le obligaremos a tomar una decisión sin sentirse preparado para ello, a pesar de que sí lo estará.

> **Una decisión no tomada a tiempo es también
> una elección fallida.**

Veinte segundos para decidir

Este ejercicio trata de poner a tu peque ante una decisión que podría naturalmente llevarle una buena cantidad de tiempo y análisis, pero a través de la que queremos reducir su esfuerzo.

1. Sentaos ante el ordenador, abrid el navegador en un buscador de imágenes. La mayoría de los buscadores tienen la opción de buscar sólo imágenes. Cualquier repositorio de imágenes servirá también. Dile a tu peque que le darás un título y tendrá que buscar una imagen que responda a ese título, pero que sólo tendrá 20 segundos para decantarse por una única imagen.

2. Comunica un título y escríbelo en la búsqueda del repositorio. Debe ser un título poco específico, para que dé lugar a una gran cantidad de imágenes, como por ejemplo «un buen amigo» o «un paseo relajante». En cuanto pulses buscar, aparecerán un buen número de imágenes, es entonces cuanto deben empezar a contar los 20 segundos, tened un cronómetro a mano para contarlos. Deja que tu peque analice las imágenes que tiene delante, pero debe optar por una antes de que acabe el tiempo.

3. Una vez que haya escogido una imagen comentadla entre los dos. ¿Crees que esta imagen responde bien a este título?¿Por qué? ¿Qué vemos en ella sobre el tema propuesto? ¿Podrías haber encontrado una imagen mejor? Si te dice que sí, pregúntale qué podría hacerla mejor. Recuérdale que lo que importaba era que la imagen respondiera a ese título y que lo ha conseguido con su elección.

Una vez elegida una imagen, todas las demás quedan descartadas. En realidad, parece más fácil de lo que es para un NAS.

Trabajando *Veinte segundos para decidir* en forma de hábito
Este ejercicio puede resultar un auténtico reto para tu peque. Si ves que es un ejercicio muy frustrante al principio, puedes ampliar el tiempo que tiene para hacer su decisión, pero no le dejes más de un minuto. Igualmente, no tendrá tiempo para revisar todas las imágenes. Explícale que no necesita analizarlas todas para encontrar una buena opción. Poco a poco, ve reduciendo de nuevo el tiempo de decisión hasta que pueda llegar a los veinte segundos. Incluso, si lo ves necesario reduce este tiempo para que sea aún más retador, pero sin llegar a convertirla en una actividad frustrante.

Repite la actividad cada cierto tiempo, siempre proponiendo un título diferente. Lo que queremos es que tu peque se familiarice con el hecho de realizar decisiones en un tiempo menor de lo que le gustaría y sin que se le permita analizar todas las opciones disponibles. Esto puede llevar un tiempo, pero llegará el momento en el que lo asimile, se sienta cómodo y lo aplique al resto de decisiones de su día a día.

Al margen de la actividad, que proponemos que sigáis realizando periódicamente, utiliza las pequeñas decisiones diarias para recordar la máxima trabajada en el desarrollo de este hábito. Cuando tengas oportunidad, recuérdale que no es necesario analizar en profundidad cada alternativa, que lo importante es escoger una opción adecuada. Incluso atrévete a hablar con él sobre la posibilidad de cometer errores y naturalizar el hecho de que todos los cometemos de vez en cuando. En algunas ocasiones, es imposible saber de antemano que una determinada opción resultará fallida, pero incluso un análisis pormenorizado de todas las opciones podría igualmente no habernos hecho conscientes de la falta de idoneidad de dicha alternativa.

Hábito 17

El perfeccionismo y su lado oscuro

Dicen que la perfección no existe y, sin embargo, las PAS nos esforzamos por encontrarla en cada cosa que hacemos. La perfección es una especie de obsesión por alcanzar siempre los más altos estándares en todo aquello que tenemos entre manos. Es una característica que nos define a las PAS y que, muy posiblemente, veas manifestada en tu NAS. Aunque a primera vista pudiera parecer un aspecto positivo de la personalidad de tu peque, y es cierto que en ciertas áreas es así, puede estar asociada con grandes otras dificultades. Puede que esté dejando que su perfeccionismo defina su valor como persona al ser incapaz de alcanzar esos estándares que son, en ocasiones, una idealización de la realidad. Además, esa insistencia por conseguir la perfección puede tener ciertos efectos negativos sobre su competencia y su persona, con consecuencias que pueden alterar su bienestar.

Tal vez has observado esta búsqueda de perfeccionismo en cada pequeña tarea que realiza tu peque, pero, además, mantente atento a un posible alto nivel de autoexigencia, la tendencia a sentimientos de fracaso, miedo a fallar y frustración, o una desmotivación a la hora de llevar a cabo determinadas actividades. Si crees que tu peque puede estar sufriendo consecuencias negativas a causa del perfeccionismo, este es un hábito muy importante para comenzar a trabajar en él. El perfeccionismo sólo tiende a incrementarse a lo largo de la vida si no se trabaja para combatirlo.

Te proponemos una sencilla actividad que pretende que tu peque se acostumbre y se sienta cómodo con resultados imperfectos que cumplen los objetivos propuestos para las tareas. Este hábito, trabajado a lo largo del tiempo, le ayudará a ir reduciendo su nivel de perfeccionismo.

> **El perfeccionismo magnifica nuestros errores y minimiza nuestra habilidad para resolverlos.**

Pintura a contrarreloj

Reducir el tiempo para la realización de una tarea imposibilita que pueda trabajarse en perfeccionarla. Así pretendemos que tu peque se habitúe a conformarse con una tarea terminada, a pesar de un resultado lejos de la perfección.

1. Prepara algunos materiales para que tu peque pueda pintar un cuadro. Tal vez unos pinceles, témperas de colores y una hoja de cartulina blanca. Deja todo listo para que pueda pintar algo. Necesitaréis también un cronómetro que muestre una cuenta atrás de cinco minutos.

2. Explícale que dispone de cinco minutos para realizar una pintura. Puedes dejar que él mismo escoja el tema que coloreará o, si crees que va a resultar mejor, puedes proponerle un tema, por ejemplo sugiere que pinte una mariposa, o una puesta de Sol.

3. A continuación, pon el cronómetro en cinco minutos. Dile que necesita terminar su pintura antes de que el tiempo finalice, así que deberá organizar bien su tiempo para tenerlo listo cuando el cronómetro indique. Deja el cronómetro a la vista para que él sea consciente del tiempo del que dispone mientras esté realizando su dibujo.

Una vez transcurridos los cinco minutos, ¡el proyecto ha finalizado! No hay tiempo para ninguna otra mejora. Comenta con él lo bien que ha quedado.

Trabajando *Pintura a contrarreloj* en forma de hábito

Aunque la creación de un producto artístico es una tarea agradable y, por lo general, suficiente para motivar a tu NAS, el hecho de darle un tiempo tan limitado para completar una tarea de estas características puede hacerle sentirse muy incómodo. Presenta la actividad como un juego, animándole a hacerlo lo mejor posible, pero sin pretender que quede perfecto, puesto que sería imposible en un tiempo tan limitado. Recuerda conversar con él sobre su producto final una vez acabado. Resalta lo bien que ha quedado, especialmente si puedes reconocer en él aquello que trataba de representar. Conversad sobre cómo hubiera cambiado si le hubiera dejado usar todo el tiempo que hubiera necesitado, pregúntale cuánto tiempo cree que hubiera sido necesario y si considera que se sentiría más satisfecho con el resultado de ser así. Explícale que cualquier dibujo es siempre mejorable, y que podemos trabajar y trabajar en él sin llegar a verlo finalizado. Dale a entender que cualquier otra actividad es similar, siempre podemos invertir más tiempo, pero nunca llegaremos a verla perfecta. A veces, el hecho de invertir más tiempo sólo nos hace sentirnos más fracasados, un sentimiento que se incrementa con el paso de los años cuando nuestro tiempo es más limitado, ya que tenemos más responsabilidades.

Repetid la actividad periódicamente. Haz que tu peque la vea como una forma de entrenamiento para habituarse a la belleza de la imperfección, puesto que no siempre necesitamos que lo que hacemos sea perfecto. Puedes hacer algunas modificaciones si crees que le resultarán más motivadoras, como por ejemplo inventar y escribir una pequeña historia en 5 minutos. Podéis utilizar un set de dados para crear historias, una herramienta muy habitual en estos días como juego de mesa para potenciar la creatividad.

Hábito 18

Creencias limitantes
versus creencias potenciadoras

Las creencias limitantes son opiniones, ideas o pensamientos negativos que experimentamos como verdaderos, sin que necesariamente lo sean, y que pueden llegar a bloquearnos. Las creencias potenciadoras, por el contrario, nos estimulan a la acción y nos ayudan a creer en nuestras capacidades.

Presta atención a las creencias limitantes de tu NAS. A veces, son más difíciles de detectar, pero por lo general su presencia es notoria. Puede que algunas de estas creencias hayan surgido de alguna mala experiencia o comentario poco acertado, aunque por lo general tienen su origen en miedos irracionales. Algunas de las creencias limitantes que pueden aparecer en tu peque son: «no puedo», «es imposible», «no valgo para esto», «todo me sale mal», «soy incapaz», entre otras muchas. Es posible que sólo las crea, sin llegar a verbalizarlas, entonces tendrás que deducir su existencia a raíz de su comportamiento. Podemos ayudar a nuestros NAS a encontrar esas creencias limitantes, haciendo consciente lo inconsciente, para cambiarlas por creencias potenciadoras. Para ello te recomendamos trabajar este hábito y eliminar este tipo de creencias tan dañinas.

La actividad que te ofrecemos a continuación, *Las palabras prohibidas*, tiene como objetivo identificar y eliminar las creencias limitantes en tu peque. Con este ejercicio, aprenderá a reconocerlas y entenderá la necesidad de eliminarlas para que no ejerzan un efecto negativo en su persona. Ser conscientes de su existencia y del efecto negativo que provocan es un primer paso imprescindible.

Las palabras prohibidas

Con este ejercicio tu peque aprenderá a identificar aquellas creencias limitantes que le bloquean y la necesidad de sustituirlas por otras potenciadoras.

1. Necesitarás una caja. Ciérrala por completo de modo que no sea posible abrirla, pero deja abierta una hendidura en la parte superior, como si fuera una hucha. Puedes hacerle partícipe del proceso de construcción de la caja, dile que es la caja de las *palabras prohibidas*, las encerraremos ahí, de modo que debemos cerrarla muy bien, para que no puedan escapar.

2. A continuación, explícale qué es una *palabra prohibida*. Comienza conversando con él sobre aquellas ideas que surgen a veces en nuestra mente y que no representan la realidad. Normalmente nos hacen sentir incapaces, inferiores o fracasados, aun cuando no constituyan una verdad.

3. Pensad en alguna idea de este tipo que haya surgido en su mente recientemente. Hablad sobre por qué era una idea que no representaba la verdad y cómo le ha afectado negativamente. Dale un trozo de papel y haz que la escriba con letra clara. A continuación, *encerrad* la palabra en la caja introduciendo el papel por la abertura. A partir de ese momento esa es una palabra prohibida, tu peque tratará de evitar que vuelva a aparecer en su mente, en caso de que aparezca deberá *encerrarla* de nuevo.

Así, poco a poco, las palabras prohibidas quedarán encerradas en su caja y dejarán de tener un efecto negativo en su mente.

Trabajando *Las palabras prohibidas* en forma de hábito

Recuerda: la caja no tiene ningún efecto mágico, y no esperamos que tu peque lo crea así. Este ejercicio trata de ayudarlo a identificar este tipo de creencias limitantes y a reconocer su efecto negativo, una vez que sea consciente de que se trata de una idea limitante, su fuerza será mucho menor.

Una vez creada la caja y realizado el ejercicio inicial de explicación, llega la parte más importante: necesitamos conseguir que identifique las creencias limitantes por sí mismo cuando aparezcan en su mente. Al principio, será más difícil y seguramente requiera de tu ayuda. Cuando verbalice cualquier creencia limitante, házselo saber y ayúdale a ser consciente de ello. Trae la caja y una hoja de papel y pídele que escriba la idea y la introduzca en la caja. Es necesario que sea él mismo quien escriba y encierre la palabra prohibida. Esto servirá como un ejercicio de asimilación muy importante en la adquisición del hábito. Sigue animándole a identificar y encerrar palabras prohibidas. Como te digo, al principio serás tú quien las identifique más fácilmente en él, pero poco a poco, irá siendo más consciente de ello.

Sin embargo, tu peque no sólo necesita deshacerse de las creencias limitantes, sino también sustituirlas por otras realistas y a la vez potenciadoras. Por eso, te proponemos que una vez que ha comenzado a *encerrar* creencias limitantes, le animes a sustituirlas por creencias potenciadoras. Para ello, después de escribir e introducir una creencia limitante dentro de la caja, anímale a encontrar una creencia potenciadora que la sustituya, esas creencias que le animen a dar pasos de acción en la línea de lo que desea o necesita experimentar. Si le gusta pintar, puede dibujarse a sí mismo sonriendo haciendo algo que ahora le parece difícil o, simplemente, puede dibujar el emoticono del brazo musculoso que usamos en conversaciones online. Guardad estos mensajes de tipo «lo conseguiré si soy paciente e insisto» o «puedo hacerlo con ayuda» para echar mano de ellos en los momentos de desánimo y recordar aquellas creencias que le hacen bien a tu peque y que él mismo ha escrito como alternativa a las creencias limitantes.

Con el paso del tiempo, será capaz de detectar por sí mismo sus propias creencias limitantes. Deja la caja y hojas de papel a su alcance para que pueda trabajar de forma autónoma en el desarrollo del hábito. Llegará un momento en el que ya no será necesario utilizar el papel y la caja porque su propio cerebro asumirá el trabajo y realizará la tarea de identificación y sustitución de creencias limitantes por sí mismo. De eso precisamente trata la asimilación de un hábito.

Hábito 19

Estimula su torrente de creatividad

Las PAS somos personas creativas por naturaleza. La creatividad es una característica muy positiva que puede contribuir de formas muy potentes a la vida de un individuo. Aunque en nuestra sociedad asociamos la creatividad con el arte y la invención, en realidad, es mucho más que eso. Una persona creativa es en esencia una persona capaz de hacer conexiones mentales nuevas entre elementos ya conocidos, esto le permite no sólo generar ideas diferentes, sino también buscar un mayor número de soluciones a un problema dado y, en general, pensar al margen de lo preestablecido. Las posibilidades del pensamiento creativo son ingentes.

Es muy probable que hayas observado esa habilidad creativa desarrollada en tu peque altamente sensible. Es posible que se le ocurran ideas ante las que te quedas impresionado, o que se le dé bien inventar historias o juegos. Los NAS suelen además disfrutar mucho de las expresiones artísticas en todas sus variantes, como pueden ser la música, el baile o la pintura. Asimismo, son niños y niñas a los que les gustan las manualidades, los juegos de construcción y, en definitiva, todo aquello que les permite dar rienda suelta a su imaginación.

En esta ocasión te proponemos un juego que recomendamos utilizar con cierta frecuencia. Se trata de un pequeño ejercicio de desarrollo de la creatividad que animará a tu peque a pensar *fuera de la caja* y potenciará la puesta en práctica de su creatividad. *Un objeto cualquiera* tiene como objetivo principal el de fomentar el pensamiento divergente en tu peque, es decir, aquel tipo de pensamiento asociado a los procesos creativos. La práctica del pensamiento divergente le ayudará a fomentar su potencial y optimizar su creatividad.

> **La creatividad es una cualidad innata**
> **que mejora la vida de quienes la poseen.**

Un objeto cualquiera

Este pequeño juego, que tu peque encontrará muy motivador, propiciará el desarrollo de su pensamiento divergente y, por lo tanto, la estimulación de su creatividad.

1. Escoge un objeto que tengas a mano, cualquier objeto que haya a tu alrededor servirá. Es mejor si lo tenéis físicamente presente, aunque no es imprescindible. Pongamos como ejemplo una cuchara. Muéstraselo a tu peque. Evidentemente, todos sabemos para qué sirve una cuchara: para transportar alimentos y, principalmente, para llevárnoslos a la boca. Dile que en este juego vamos a buscar nuevos usos para este objeto.

2. Puedes comenzar tú para que tenga un ejemplo de lo que se pretende. Básicamente lo que haremos será inventar otros usos que podamos darle al objeto en cuestión, por supuesto no vale decir aquello para lo que realmente funciona. Por ejemplo, tal vez podríamos usar una cuchara como espejo de mano, o como catapulta para disparar canicas o, incluso, como pala para construir castillos de arena, ¿qué más se os ocurre?

3. Haced turnos enumerando tantos usos como imaginéis. Se trata de encontrar el mayor número de ellos. Las posibilidades son infinitas, lo único necesario es no poner límites a vuestro pensamiento. Mientras se os sigan ocurriendo posibilidades, el juego sigue en pie.

Podéis repetir el juego tantas veces como queráis, pero cada vez utilizad un objeto diferente y pensad en posibilidades distintas.

Trabajando *Un objeto cualquiera* en forma de hábito

Este sencillo juego resulta muy agradable y motivador para niños y niñas con gran capacidad creativa, como lo son los NAS. Resulta una actividad perfecta, además, para ocupar cualquier momento de aburrimiento, como un viaje en coche o incluso los interminables minutos en la sala de espera del dentista.

Como siempre, trataremos de que el peque sea consciente de lo que estamos tratando de hacer. Es importante hablar con él de qué es la creatividad, refiérete a ella como una virtud que él posee. Pero, además, hazle conocedor de su potencial y de la posibilidad de fortalecerla y reforzarla. Este ejercicio es, en realidad, un entrenamiento para la creatividad, por lo que además de divertirnos, haremos algo muy beneficioso con nuestra mente.

Existen múltiples formas de modificar el juego para hacerlo diferente. Puedes animarle a que comparta contigo tantos usos como se le ocurran, o podéis tomar turnos para decir un uso cada uno por orden. Podemos asignarnos una cantidad concreta de tiempo, un minuto, por ejemplo, y anotar en un papel tantos usos como se nos ocurran durante ese período de tiempo. Gana aquel que más usos haya anotado. El aliciente de ver si algunos de los usos anotados por diferentes personas coinciden puede añadir también diversión. Por supuesto, pueden jugar tantas personas como haya presentes. Animaos a repetir el ejercicio diferentes días, en diferentes lugares y con objetos distintos. Como te digo, es un juego que no tiene final.

Hábito 20

Ayúdale a verbalizar ideas

Una de las luces que hemos mencionado para las PAS es que somos, por lo general, buenas conversadoras. Esta es una característica que a veces relacionamos con la habilidad verbal, pero no siempre se presentan juntas. De hecho, muchos NAS tienen problemas para expresarse verbalmente, especialmente porque su pensamiento puede llegar a ser muy profundo, debido a su capacidad de reflexión y análisis de la información, y muchas veces, les cuesta poner en palabras la profundidad de su razonamiento.

Este es uno de esos hábitos que recomendamos trabajar en tu NAS, independientemente de si observas dificultades al respecto o no. Creemos que desarrollar la habilidad lingüística es un aspecto que será siempre beneficioso en cualquier NAS. Es importante que hables con tu peque tan a menudo como te sea posible. Fomenta una relación cercana, escúchale y conoce sus ideas y preocupaciones, hablad sobre todo lo que ocurre a su alrededor, explícale y déjale que te explique. Su procesamiento del mundo ocurre dentro de su cerebro, es importante que aprenda a describirlo con palabras, te sorprenderá su forma particular de hacerlo.

Sin embargo, además de fomentar su conversación y explicaciones del mundo, es importante ayudarle a verbalizar ideas más complejas. Esto puede resultar un poco más complicado. Te proponemos para ello un juego que podéis repetir tantas veces como queráis, se trata de jugar a las adivinanzas, eso sí, a un nivel un poco más difícil de lo habitual.

Con *Adivinanzas de cosas invisibles*, pretendemos que tu peque practique realizando descripciones de conceptos abstractos que le otorgarán los recursos necesarios para compartir ideas complejas y desarrollar así su habilidad de verbalización.

> **Las palabras son la forma de mostrar aquello que no puede verse.**

Adivinanzas de cosas invisibles

Utilizaremos este juego para desarrollar en tu NAS la habilidad de verbalizar ideas complejas y convertirlas en palabras.

1. Explica a tu peque que a veces nos resulta muy fácil describir objetos que podemos ver. Pon un ejemplo si quieres, toma un objeto cualquiera y describidlo juntos. Sin embargo, es mucho más difícil describir aquello que no podemos ver, como por ejemplo la comprensión, la ayuda, la simpatía, la vergüenza o la solidaridad. Estas son palabras que nos cuestan un poco más. ¿Te imaginas que inventáramos adivinanzas cuya respuesta fuera este tipo de palabras? ¿Crees que serían muy difíciles de adivinar? ¡Vamos a intentarlo!

2. Comienza tú para que tenga un modelo a seguir. Escoge un concepto abstracto, puede ser un valor, una emoción o una habilidad. Asegúrate de que tu peque conoce ese concepto, si no será muy frustrante tratar de adivinarlo. Intenta describirlo de la mejor manera posible. Si necesitas un ejemplo, aquí tienes lo que podría ser una adivinanza de la palabra tristeza: Es una emoción que nos hace sentir como si estuviéramos en un lugar muy oscuro, sin ganas y sin energía, puede causarnos dolor, pero no es un dolor en nuestro cuerpo, algunas veces también nos hace llorar.

3. Intervenir por turnos. Dejad que el que adivina pueda hacer preguntas para facilitar la tarea, eso dará una oportunidad para que las descripciones sean más completas y se continúen perfeccionando.

La verbalización de conceptos abstractos ha comenzado. Sólo queda continuar practicando.

Trabajando *Adivinanzas de cosas invisibles* en forma de hábito

Esta es una de esas sencillas actividades que puede ponerse en práctica como juego o pasatiempo en casi cualquier momento: durante un viaje, un paseo o una espera. Si tu peque está aburrido y necesitas algo con lo que podáis entreteneros durante unos minutos, jugad a las *adivinanzas de cosas invisibles*.

Te proponemos algunas variantes. En primer lugar, haced una lista de conceptos abstractos que se os ocurran, tantos como queráis. A continuación, unid varias páginas para formar un pequeño librito y anima a tu peque a inventar y escribir en él adivinanzas. ¡Su primer libro de adivinanzas! Puede ser un regalo original para los abuelos. Si ves que la verbalización de ideas es una tarea demasiado compleja para tu peque, tal vez podéis hacer del libro de adivinanzas un proyecto conjunto. Pensar en la forma de poner esos conceptos en palabras con tu ayuda será mucho más sencillo para tu peque.

Cuando tu NAS haya adquirido algo de práctica en la verbalización de conceptos complejos, podéis subir un poco más el nivel de dificultad. Presenta a tu peque dos conceptos que sean de alguna forma similares, como por ejemplo bondad y felicidad, o ayuda y apoyo (por supuesto decide la complejidad en función de su edad). Pídele que describa uno de los dos, y tú tendrás que descubrir de cuál se trata. Esta es una tarea que le ayudará a dar mayor precisión a sus verbalizaciones.

Con la práctica, irá perfeccionando sus descripciones. Esto repercutirá no solamente en que sus adivinanzas serán mejores, sino que, además, la verbalización que realice de ideas también será más precisa.

BLOQUE 3
Hábitos de autocuidado social.
Contribuye a que su vida social sea nutritiva

Introducción

Nos centraremos a continuación en aquellos elementos con los que la naturaleza altamente sensible de tu peque impacta sobre su día a día en el área social. Recuerda que algunos de ellos provocarán un efecto positivo en su vida, estos elementos no sólo querremos mantenerlos, sino que también trataremos de estimularlos y optimizarlos para que su beneficio sea aún mayor. Pero, por supuesto, no queremos pasar por alto aquellos aspectos no tan favorecedores que pueden estar generando algún tipo de dificultad o condicionando el buen funcionamiento de las relaciones de tu peque. Nuestro trabajo será el de contribuir a la reducción de estos aspectos o su control, para que su impacto sea el menor posible.

Antes de pasar a los hábitos que te proponemos trabajar con tu peque a nivel social, queremos exponerte las principales luces y sombras del rasgo al hablar del aspecto social. Presta atención a los siguientes párrafos sin dejar de pensar en tu NAS, tratando de identificar cuáles son las posibles áreas de trabajo que más le beneficiarían.

Luces del NAS en el nivel social

Con respecto a las luces, como llamamos a los aspectos positivos del rasgo, es importante reconocer que los NAS tienen una serie de características que les hacen ser buenos amigos, y que además les ayudan a conectar fácilmente con otros, que ven en ellos niños y niñas a los que desean tener cerca. Disponen de una gran capacidad de ayuda y acogida para con los otros que los demás pueden detectar y reconocer fácilmente. Suelen entender con facilidad los problemas y las dificultades a las que se enfrentan aquellos que tienen alrededor y comprender fácilmente sus emociones. Esto ocurre gracias a su gran empatía, esa capacidad que nos permite por momentos dejar a un lado nuestras propias circunstancias y ponernos en la situación del otro, identificando sus pensamientos y emociones con claridad. Pero no se trata únicamente de esa capacidad de comprensión, además los NAS tienen en ellos mismos de forma natural un deseo de ayuda y de acompañamiento para disminuir el dolor ajeno. El NAS hará lo que esté en sus manos para conseguir que el otro se sienta bien. Son también muy buenos escuchando, tienen una capacidad de escucha más desarrollada, que hace que otros se sientan cuidados y comprendidos.

Ya sabes que los NAS pueden ser tanto introvertidos como extrovertidos. En este caso, los NAS introvertidos suelen sentirse muy bien consigo mismos, son capaces de conectar muy bien con su interior, lo que resulta una característica con gran potencial de desarrollo interior. Por su parte, los NAS extrovertidos conectan muy bien socialmente, pueden establecer relaciones de gran calidad que serán muy beneficiosas para su persona.

Sombras del NAS en el nivel social

Por supuesto, existen ciertos aspectos negativos a los que debemos estar atentos para reducir en la medida de lo posible su perjuicio. En primer lugar, es importante tener en cuenta que el deseo de ayuda y hacer sentir bien al otro puede jugar en contra del NAS, especialmente cuando se sobrepasan ciertos límites y cuando se establecen relaciones con personas que tienden a aprovecharse de ellos. Los NAS pueden ser niños fácilmente manipulables a los que les cuesta establecer límites y cuyo deseo de complacencia y ayuda puede resultar dañino para sí mismos. En muchas ocasiones, los NAS pueden convertirse en víctimas fáciles de *bullying*, siendo blanco fácil de niños manipuladores, abusivos y/o agresivos.

La dependencia emocional puede convertirse también en un problema si no se consigue que la relación continúe en una dirección sana. Es importante que el NAS conozca el correcto funcionamiento de las relaciones y aprenda a poner límites donde debe haberlos. Por su naturaleza, el NAS tiende a dar demasiado de sí, sin necesidad de recibir de forma equilibrada del otro. Muchas veces podríamos estar hablando, también, de una empatía tóxica, que ocurre cuando el sujeto se introduce de tal manera en las dificultades de la otra persona que terminan afectando de forma perjudicial a su propio bienestar.

Otra dificultad que pueden presentar los NAS es la de la sobresaturación ocurrida en contextos sociales. Ya hemos hablado en otras ocasiones de la sobreestimulación que se produce en el cerebro de la PAS, los contextos sociales en los que un buen número de personas se concentra en un mismo espacio pueden ser lugares ciertamente abrumadores para el NAS. Es posible que surja una necesidad de evitación de ciertas situaciones, o de desconexión y retirada a un ambiente más tranquilo. Aunque, bien gestionado, no tendría por qué suponer una dificultad, lo cierto es que muchos NAS sufren los contextos sociales de forma muy limitante con importantes niveles de estrés.

Por último, mencionaremos la tendencia que los NAS tienen a compararse con otros niños. Ellos experimentan con frecuencia el sentimiento de ser diferentes, lo que produce en ellos la necesidad de compararse continuamente con los que tienen alrededor, hasta el punto de convertirse en un problema con mayores repercusiones.

Hábito 21

Las diferencias nos dan valor

Las PAS somos una minoría en nuestra sociedad. La mayoría de aquellos con los que compartimos nuestro día a día tienen una sensibilidad media, algunos incluso muy baja. Para personas observadoras y atentas como nosotras, esto no es un hecho que pasa fácilmente desapercibido. Es por ello por lo que tu NAS puede haberse sentido diferente en más de una ocasión.

Aunque ser diferente no es malo en sí mismo, no es poco común que un niño que se siente diferente genere ciertas inseguridades que, si no se gestionan adecuadamente, pueden derivar en complejos y otras dificultades. Todos somos diferentes en uno u otro modo. Reconocer y valorar esas diferencias no sólo nos ayuda a definir mejor nuestra identidad, sino que también nos permite disfrutar más de quiénes somos y tener un concepto y estima propios mucho más sanos.

Si has detectado en tu peque una preocupación recurrente por su diferencia con respecto a otros niños, o si esto es algo que repite con cierta frecuencia a modo de lamento, muy probablemente este sea un buen ejercicio para comenzar a trabajar con él.

El cuaderno de los superpoderes es una actividad que tiene por objetivo identificar y reconocer las diferencias en otros, aquello que les hace ser únicos o especiales en una forma positiva. Cuando tu peque se dé cuenta de que, en realidad, ser diferente es algo que nos une más de lo que nos separa y sea capaz de valorar la forma en que otros son diferentes, estará mucho más preparado para aceptar y valorar su propia diferencia. La alta sensibilidad es un signo de diferencia, pero no de inferioridad.

> Cuando reconocemos que otros también son diferentes, valoramos más nuestra propia individualidad.

El cuaderno de los superpoderes

A menudo los peques altamente sensibles se sienten diferentes. Pero ser diferente no es necesariamente algo negativo. Todos somos diferentes de una u otra forma. Ayuda a tu peque a encontrar esas diferencias en otros y a descubrir que las diferencias nos dan valor.

1. Prepara un cuaderno, lo llamaremos *El cuaderno de los superpoderes*. Puedes pedir a tu peque que te acompañe a comprarlo y que elija el que más le guste. A continuación, anímale a pensar en una persona cercana, tal vez un familiar, un amigo o cualquier otro conocido. Sí, el panadero también sirve.

2. Abrid juntos *El cuaderno de los superpoderes* por la primera página. Pide a tu peque que escriba el nombre de esa persona en la que ha estado pensando en la parte superior de la página. ¿Tal vez con letras grandes, bonitas y coloridas? También puede dibujarle en el centro de la página. Esta será la página especial de esa persona.

3. Una vez que haya convertido ese espacio en el lugar especial de esa persona, en esa misma página, deberá escribir cinco características que hacen diferente a ese conocido y además un superpoder. No hace falta que pueda volar o se haga invisible. Sonreír, contar chistes o saber escuchar también son superpoderes.

¡El cuaderno de los superpoderes está en marcha! Tenedlo siempre a mano, nunca se sabe quién puede ser añadido a continuación.

Trabajando *El cuaderno de los superpoderes* en forma de hábito

Deja que tu peque use el cuaderno de superpoderes diferentes días añadiendo a otros conocidos. *¿Qué tal si mañana lo sacamos otra vez y hacemos una página para otra persona diferente?* A lo mejor, el día que la abuela viene a casa a merendar es un buen día para que, tan pronto como ella salga de casa, tu peque saque *El cuaderno de los superpoderes* y haga la página especial de la abuela. Una tarde en el parque con su mejor amigo puede ser un día más que apropiado para volver a sacar *El cuaderno de los superpoderes*. También lo puede ser el día del cumpleaños de la prima. O ¿qué de hacer una página especial para el charcutero justo después de regresar de la compra con papá?

Se trata de ir añadiendo páginas al cuaderno, no por el hecho de generar una colección de superpoderes, que siempre será agradable volver a revisar, sino por ejercitar esa habilidad de reconocer las diferencias. Poco a poco, tu peque irá asimilando este ejercicio de reconocimiento de *superpoderes,* y esas características distintivas que poseen las personas que le rodean aparecerán automáticamente en su mente sin tener que esforzarse por pensar en ellas. Ya no será necesario que dedique una página para identificar las diferencias, su mente lo hará directamente al conversar, interactuar o simplemente ver a un conocido.

Identificar automáticamente esas diferencias en las distintas personas le hará percibir sus propias diferencias como algo positivo y valorable. Ser diferente ya no le hará sentir como un *bicho raro,* será parte de su identidad como lo es en formas distintas para todos los demás.

Hábito 22

Contra el bloqueo al sentirse observado

Ser el centro de atención no es algo que las PAS disfrutemos especialmente. Al contrario, por lo general, nos sentimos cohibidas e incómodas. Por supuesto es algo a lo que aprendemos a hacer frente con el paso de los años y que podemos llegar a controlar sin ningún problema, más aún si desarrollamos algo de experiencia en ello. Sin embargo, para un NAS, sentirse el centro de atención puede resultar muy difícil e, incluso, invalidante.

Muchos NAS desearían que la tierra les tragase el día de su cumpleaños justo en el preciso momento en el que todos los presentes clavan sus ojos en ellos para cantarles el *Cumpleaños feliz*. Tal vez te has dado cuenta de cuán poco le gusta a tu peque que hablen de él mientras está presente o ser el protagonista de la historia que alguien está contando, y me refiero a historias que elogian sus capacidades, lejos de ridiculizarle o burlarse de él. Sentirse observado, especialmente por un grupo más o menos numeroso de gente, puede ocasionar en tu peque un bloqueo momentáneo que le imposibilita reaccionar de forma adecuada. Si reconoces a tu NAS en alguna de estas representaciones, tal vez quieras trabajar con él el hábito de habituarse al sentirse observado para reducir el bloqueo que esto le causa.

La siguiente actividad tiene por objetivo que tu peque se familiarice con la sensación de ser el centro de atención y pueda desempeñar una actividad mientras es observado por otros. Utilizaremos para ello una situación en la que él tenga el control de lo que está sucediendo y haya un elemento en el que pueda enfocar su atención para dirigir su pensamiento.

> **Dejamos de bloquearnos cuando ya no nos atemoriza el sentirnos observados.**

¡Bienvenidos al teatro!

Con esta práctica queremos preparar a tu NAS para que pueda estar cómodo al sentirse expuesto ante otros.

1. Esta actividad es muy flexible y puedes adaptarla según vuestros gustos, pero necesitaremos unos muñecos o unas marionetas con los que contar una historia y un escenario donde hacerlo. Quizá tenéis por casa algún juguete que pueda servir para ello, o tal vez podéis construir unos títeres de dedo con unos trozos de fieltro de colores, ¡esa es siempre una buena opción!

2. Siéntate con tu peque junto a los títeres. Observadlos e inventad una historia en la que participen todos los personajes. Cread diálogos e interacciones entre ellos, pues será una representación teatral. Recordad que, como cualquier historia, ha de tener un inicio, un nudo y un desenlace. Cread escenarios y un lugar donde representar la obra. Podéis escribirla o dejar espacio para la improvisación, todo dependerá de lo que tu peque prefiera.

3. Déjale un tiempo para que practique la obra y ponga a los personajes en acción. Tendrá que ensayar y, tal vez, memorizar el argumento y los diálogos de los personajes. Por último, buscad un público ante el que representar la obra y organizad una función en la que pueda mostrar su obra. A la familia le encantará ver la representación. Sed tan creativos como queráis. Podéis crear invitaciones para repartir y convidar a los asistentes a limonada y palomitas.

Se abre el telón, los asistentes están en sus butacas y el bloqueo no es un invitado. ¡Que empiece la acción!

Trabajando ¡*Bienvenidos al teatro!* en forma de hábito

Recuerda que estamos trabajando un hábito. Se trata de una actividad que repetiremos a lo largo del tiempo. Queremos que tu peque se vaya sintiendo cada vez más cómodo siendo el protagonista, no sólo durante la representación, sino también durante los aplausos y los halagos que recibirá después. Lo ideal es que él la represente solo, puedes ayudarle con los preparativos o dejarle que todo dependa de él, pero queremos que el protagonismo sea suyo durante la representación. Si has trabajado con él durante la preparación, ofrécete como maestro de ceremonias para recibir a los invitados, seguramente le parecerá una buena idea. Sin embargo, si ves que genera en él mucho miedo por anticipación y crees que va a paralizarle la vergüenza, represéntala con él, al menos al principio, hasta que vaya adquiriendo algo de práctica. También, si la vergüenza es un problema al inicio, buscad la forma de que presente un guiñol, en el que él estará escondido detrás del telón y no sentirá las miradas directas. Eso sí, como en cualquier actuación, tendrá que salir a saludar al finalizar el espectáculo.

Anímale a que represente su función con diferentes públicos. Es una buena idea comenzar con el núcleo familiar, después ir invitando a familiares próximos, como los abuelos, o amigos que viven cerca. Poco a poco ampliad el círculo e incluid a personas no tan cercanas, tal vez unos primos que vienen de visita a la ciudad o unos vecinos a los que aún no conocemos tanto. Motívale a crear nuevas obras, que siga invitando a amigos y familiares.

Posiblemente el teatro de títeres no es la mejor opción para tu peque. Tal vez le gusta más la música. Si toca un instrumento, podéis organizar un pequeño concierto. ¿Qué tal un solo de violín? ¡O de piano! Las posibilidades no tienen fin. A más de un NAS seguramente le encantaría la idea de organizar un taller de manualidades para enseñar a otros cómo hacer esa manualidad que tanto le gusta a él, ¿y qué de un taller de papiroflexia? Si a tu peque le gusta el arte y se le da bien pintar, puedes animarle a hacer una exposición de pintura. Colgad sus obras en un pasillo de la casa, o en el salón y cread una galería de arte por la que paseen los invitados. Usa sus talentos y asegúrate de que la gente le felicite por su trabajo.

Hábito 23

Superar la timidez

Ya sabes que los NAS pueden ser, como cualquier otro niño, tanto extrovertidos como introvertidos. Los introvertidos, especialmente cuando tienen una baja autoestima, pueden presentar también timidez. Es importante entender que no es lo mismo un niño introvertido que un niño tímido. Mientras que la introversión es un rasgo de la personalidad que, de por sí, no ha de suponer ningún tipo de obstáculo para el desarrollo, la timidez puede resultar limitante, a menudo alimentada por la inseguridad y ciertos complejos. Debido a otras características que hemos tratado en estas páginas, la timidez puede resultar un elemento con el que muchos NAS tienen que lidiar.

Es posible que hayas observado en tu NAS cierta dificultad en sus relaciones sociales, durante las cuales, además, se siente frustrado, avergonzado o incapaz. A menudo este tipo de emociones suelen paralizar a los niños tímidos y hacerles aún más retraídos. Recuerda que no se trata de que tu peque tenga preferencia por la soledad o por grupos más reducidos de personas, cuando hablamos de timidez estamos hablando de una dificultad limitante que le bloquea ante otras personas y hace que lo pase mal y se culpabilice por ello.

Superar la timidez requiere cierta constancia además de trabajar en diversos frentes: autoestima, relaciones sociales y seguridad. En esta actividad, presentamos un ejercicio que, trabajado en el tiempo, pretende otorgar a tu peque seguridad ante los demás. En ella favoreceremos el desarrollo del contacto ocular, que es una tarea muy difícil para un niño tímido, pero más aún para un NAS, puesto que se trata de un comportamiento altamente estimulante, que tratará de evitar a toda costa.

> **La timidez es una barrera que se interpone entre nosotros y los demás.**

Competición de miradas

La timidez puede ser muy limitante y frustrar muchas de las relaciones sociales de tu NAS. Uno de los elementos a trabajar para superar la timidez es el de aumentar la seguridad de tu peque, lo que proponemos con este juego para entrenar el mantenimiento de la mirada cuando alguien le mira a la cara.

1. Explica a tu peque que, cuando dos personas se hablan mirándose a la cara, no se miran a los ojos constantemente, sino que hacen pequeñas pausas desviando la mirada por momentos. Pero si no mantenemos la mirada o la desviamos constantemente, la otra persona lo entenderá como falta de interés por nuestra parte, así otras personas no querrán continuar hablando con nosotros. A menudo, desviamos la mirada por vergüenza e inseguridad, y nos parece imposible no hacerlo, pero podemos entrenar a nuestros ojos para que consigan mantener la mirada durante un tiempo mayor.

2. Dile que vamos a acostumbrar a nuestros ojos a mantener la mirada, y que a partir de ahora, cuando alguien le mire a los ojos, piense en que está haciendo una competición secreta con esa persona. Nadie más lo sabrá, sólo él. Debe mirar a los ojos de esa persona y tratar de mantener su mirada sin retirarla antes que la otra.

3. El primero en retirar la mirada habrá perdido, pero si él consigue mantener sus ojos sin apartarlos ¡ha ganado!

Se trata de un juego de entrenamiento para conseguir mayor seguridad, no queremos que otros se sientan incómodos, así que alertaremos de ello a nuestro peque.

La competición está en marcha. Empecemos a practicar y veamos a cuántos oponentes somos capaces de vencer.

Trabajando *Competición de miradas* en forma de hábito

Es importante que, antes de comenzar a trabajar este hábito, hagas a tu peque conocedor del funcionamiento de la dinámica de miradas durante una interacción. No se trata de mantener una mirada fija durante toda una conversación, sin embargo, puesto que tiende a lo contrario, utilizaremos este pequeño juego como entrenamiento hasta que haya conseguido una mayor seguridad.

Tal vez al inicio puede comenzar a practicar con personas conocidas o familiares, con las que seguramente se sentirá más a gusto, pero es muy importante que incorporemos a desconocidos también en la competición, por supuesto, ellos no sabrán que están participando en la competición.

Lo más fácil será, seguramente, comenzar con las personas con las que se cruza, aunque no le digan nada, o personas que le saludan brevemente. En estas interacciones no se espera mucho de él, por lo que su inseguridad será menor. Además, el tiempo en el que la mirada debe ser mantenida será mucho menor, puesto que la otra persona retirará su mirada pronto. Podemos practicar este pequeño juego caminando por la calle, sentados en el autobús o en un banco de la plaza del pueblo.

Después, podemos ir incorporando personas con las que se mantiene una conversación. Las personas que intervienen en un grupo más grande al que pertenece tu peque serán las del siguiente nivel, como una conversación entre varias personas. Es muy probable que él no participe de forma activa en este tipo de interacciones a causa de su timidez, no pasa nada, trata de evitar que se sienta culpable por ello, anímale a estar presente y a mantener la mirada con otras personas tanto como sea posible.

Por último, debería continuar con conversaciones individuales, en las que intervenga él con una única persona más, estas serán las más difíciles. Poco a poco, sin darse cuenta, irá ganando confianza y retirar la mirada dejará de ser un acto reflejo.

Hábito 24

Promoviendo la espontaneidad

El desarrollo de habilidades sociales suele ser un elemento por el que se preocupan muchos padres, pero resulta un aspecto importante a trabajar especialmente en aquellos NAS que son además introvertidos. Queremos detenernos aquí un momento para hacerte pensar en algunas características de tu peque. Si crees que puede tener una baja autoestima o ciertos problemas de timidez, te aconsejamos revisar los Hábitos 11 y 23 antes de comenzar a trabajar en sus habilidades sociales. No habría ningún problema en hacerlo primero, pero creemos que de este modo sacarás más provecho de este hábito.

Es posible que hayas observado que tu NAS se queda callado sin saber qué decir en conversaciones o situaciones sociales. Muchas veces, aunque lo atribuimos a timidez o a cierto nivel de vergüenza a exposiciones sociales, se trata únicamente de una falta de recursos que lo dejan sin una respuesta. Con este hábito, lo que proponemos es fomentar su espontaneidad. La espontaneidad, especialmente cuando nos referimos a respuestas verbales rápidas, es un gran promotor de las habilidades sociales. Una mente espontánea es una mente capaz de pensar ágilmente y ofrecer una respuesta rápida. Por lo general, los NAS tienden a pensar en detalle y preparar bien sus respuestas. Ya hemos hablado anteriormente de la mente analítica y centrada en el detalle de las PAS. Esa es una característica que suele ofrecernos muchos beneficios y de la que podemos sacar mucho partido. No obstante, precisamente por ello, la espontaneidad es en ocasiones una característica no tan presente en los NAS, especialmente en los introvertidos.

Con la actividad que te proponemos a continuación, pretendemos que tu peque desarrolle la habilidad de ejecutar respuestas verbales rápidas, promovidas por un pensamiento veloz. De este modo, se verá más capacitado para ofrecer respuestas satisfactorias en sus interacciones sociales.

> **La espontaneidad es un gran promotor de las habilidades sociales.**

¿Cómo dices?

Este pequeño juego pretende fomentar el pensamiento rápido y la espontaneidad en las respuestas verbales como precursor del desarrollo de las habilidades sociales.

1. Dile a tu peque que vais a jugar a un juego. En el juego, simularéis estar un poco sordos, y repetiréis la frase que ha dicho el anterior, pero un poco diferente, distorsionada por la supuesta pérdida de oído.

2. Dile una frase a tu peque. Por ejemplo: «Me gusta tu sonrisa». Él tendrá que hacer como que ha oído mal y continuar la conversación, tal vez repitiendo *lo que ha escuchado* en forma de pregunta, pero totalmente distorsionado. Por ejemplo: «¿Que has visto a Marisa?». Es tu turno, continúa, por ejemplo, con: «No, no me visto deprisa». Las posibilidades son infinitas. A ver cuánto tiempo conseguís mantener esta extraña conversación.

3. No es necesario que las frases se parezcan demasiado. Con dar respuestas rápidas y aproximadas es más que suficiente. Anima a tu peque a decir lo primero que se le ocurra, con rapidez. Las conversaciones serán de lo más locas y divertidas.
   ¡A divertirse con vuestras locas ocurrencias!

Trabajando *¿Cómo dices?* en forma de hábito

Este es uno de esos juegos perfectos para poner en marcha algún día de aburrimiento en casa o incluso en uno de esos largos y tediosos viajes en coche. Se trata simplemente de dar respuestas rápidas y poner en funcionamiento nuestra espontaneidad verbal.

Sólo es necesario seguir unas normas muy básicas, las frases deben ser de una longitud similar, y deben tener en común algunos fonemas o sonidos, lo más fácil para los niños más pequeños será hacerlas rimar al final. Lo único necesario es que la frase suene similar, para que aparentemos que se ha escuchado erróneamente.

Es posible que al principio sea un poco más difícil encontrar respuestas adecuadas, no te preocupes, cualquier respuesta es válida en realidad. Poco a poco, irás observando que tu peque perfecciona la habilidad, y pronto estará dando respuestas verbales muy creativas y rápidas.

Si el juego pierde interés o se vuelve tedioso por alguna razón, existe una gran cantidad de juegos de palabras que pueden ponerse en práctica. Como por ejemplo el de palabras encadenadas, que consiste en que un jugador dice una palabra y el siguiente debe decir otra que comience por la última sílaba (o letra) de la anteriormente dicha. En Internet encontrarás un sinfín de posibilidades, lo único que se necesita es que sean juegos que requieran una respuesta verbal rápida siguiendo unas instrucciones mínimas.

Con el paso del tiempo, la capacidad de respuesta verbal de tu peque habrá mejorado, y su espontaneidad será mejor. Es increíble lo que un pequeño juego mantenido en el tiempo puede conseguir.

Hábito 25

Aprender a decir no

El deseo de ser amigables y ayudar a otros en cualquier situación que esté en sus manos es una característica que define muy bien a los NAS. Si bien es cierto que esta es una de sus luces, que les convierte en personas altruistas y generosas, puede volverse muchas veces en un arma de doble filo. Los NAS pueden llegar a ser niños excesivamente complacientes y permitir que otros se aprovechen de ellos y se beneficien a expensas de su propio bienestar. Por lo general, tienden a confiar en otros más de lo que deberían y les cuesta decir que no, aun cuando es evidente que deberían hacerlo.

Puede que hayas percibido en tu peque esta misma dificultad de establecer límites y decir que no ante solicitudes que están fuera de lugar. El establecimiento de límites es una tarea imprescindible para tener relaciones exitosas y, especialmente, sanas. Más aún cuando los NAS tienden a atraer a personas abusivas con propensión a la manipulación. Si crees que tu peque puede ser un blanco fácil, es importante que comiences a trabajar este hábito lo antes posible. De esta forma, evitarás que se involucre en relaciones tóxicas tanto ahora como en su futuro o, incluso, que se convierta en víctima del tan destructivo *bullying*.

A continuación, te presentamos la técnica *El semáforo*. Hemos creado esta actividad para ayudar a tu peque a identificar los diferentes niveles de peligro en situaciones cotidianas. La identificación es un elemento clave para permitir el análisis que, a continuación, le ayudará a escoger la acción más adecuada y a mantenerse en ella. Le enseñaremos a decir *no* como resultado de identificar la necesidad de hacerlo.

> **Los límites nos protegen, por eso es importante establecerlos claramente.**

El semáforo

Esta actividad pretende hacer consciente a tu peque de la necesidad de poner límites y darle recursos para decir *no*.

1. Imprime la imagen de un semáforo a color. Asegúrate de que se ven claramente los colores verde, ámbar y rojo. Siéntate con tu peque y hablad de lo que significan esos colores. Explícale que en este caso el semáforo representará las acciones y palabras de otras personas.

2. Algunas veces, las personas se dirigen a nosotros con algo que quieren o esperan que hagamos. Por ejemplo, un compañero de clase quiere que le prestes un lápiz. Puede que creas que es una buena idea porque compartir es algo bueno. Entonces el semáforo está en verde. Pero es posible que lo que nos piden nos haga sentir un poco inseguros. Tal vez ese compañero perdió tu barra de pegamento la semana pasada y ahora quiere que le prestes las tijeras. Ahora la luz está en amarillo y estás en tu derecho de decir *sí* o *no*. Puedes explicarle la razón por la que no se las prestarás o puedes poner tus condiciones, sólo se las dejarás si las usa en tu mesa, pero no se las puede llevar. Sin embargo, es posible que lo que te pida sea algo que no estás dispuesto a prestarle, como tu dinero para una excursión escolar. En ese caso el semáforo está en rojo. Nada debería hacerte cambiar de opinión, diga lo que diga o haga lo que haga.

3. Pon varios ejemplos y pídele que señale el color del semáforo en cada caso y que te diga qué podría responder. En la siguiente página te damos algunas situaciones que puedes utilizar.

El semáforo está en marcha. Es el momento de empezar a respetarlo.

Trabajando *El semáforo* en forma de hábito

Con esta sencilla técnica queremos que tu peque aprenda a identificar las diferencias que se producen en distintas situaciones. Comienza con ejemplos más sencillos y poco a poco ve aumentando su complejidad. Es importante que quede muy claro que es la situación en sí y su análisis lo que establece el color del semáforo. Si hemos decidido que está en color rojo, muy probablemente la otra persona querrá hacernos cambiar de opinión y tal vez busque formas de hacernos sentir mal para conseguir lo que quiere. Esto no puede ocurrir. Si la luz está en rojo, es porque hay un peligro real. ¿Qué ocurriría si un coche se saltara un semáforo en rojo?

Utiliza esta técnica de forma repetida para que tu peque pueda practicar con diferentes situaciones. Inventa situaciones cotidianas próximas a él, pero ve abriendo un poco más el abanico de opciones. *¿Qué color crees que tendría el semáforo si un compañero se ha olvidado la merienda y te pide compartir la tuya? ¿Cómo responderías? ¿Y si te pidiera copiar los deberes? ¿Y si te dijera que le dejaras tu videoconsola para que él pueda jugar en casa? ¿Y si te ofreciera dinero por ella? ¿Qué color tendría el semáforo si un extraño fuera a recogerte al colegio diciéndote que yo no he podido ir y le he mandado a él? ¿Cómo responderías? ¿Qué color tendría el semáforo si alguien te obligara a subirte en una atracción de la feria que te da miedo? ¿Y si se burlara de ti por no hacerlo? ¿Y si te ofreciera algo a cambio?*

Cuando tengas la oportunidad, utiliza el semáforo en un caso real. Cuando tu hijo mencione una situación que ha ocurrido a lo largo del día con sus compañeros o amigos, bien si ha sido él el protagonista como si no, saca el semáforo y pregúntale por el color. Pregúntale también por la respuesta. No dudes en modificar la situación y hacerla un poco más compleja aún. Añade insistencia por parte del que realiza la petición, añade ofrecimientos y burlas para hacerle cambiar de opinión. Explícale que un semáforo en rojo no debe cambiar de color. Que un semáforo en ámbar sí puede cambiar, pero cuando lo hace, debe hacerlo a rojo. Si ante una situación ámbar alguien resulta demasiado insistente y nos cuesta tomar la decisión, entonces lo mejor es cambiar el semáforo a rojo.

Es importante también que proporciones a tu peque ciertas herramientas que le habiliten para decir no. Tal vez necesite algunos ejemplos de frases que comuniquen claramente un no. «Lo siento, pero no puedo hacer eso»; «Sinceramente, creo que no es una buena idea porque...»; «Fulanito, te he dicho que no, aunque insistas no voy a cambiar de opinión»; «Deja de insistir, no voy a hacerlo»; «No voy a ir, pero agradezco que hayas pensado en mí para invitarme». También ayúdale a expresar su no con el lenguaje no verbal, a veces enviamos mensajes contradictorios que incitan a la insistencia de la otra parte. Colocaos frente a un espejo para que pueda practicar alguna de las frases anteriores con una mirada firme, la cabeza en alto, la voz fuerte y clara, la espalda recta y los brazos a los lados.

Después de haber trabajado este hábito durante un tiempo, cuando sea más capaz de establecer límites, identificar situaciones de peligro y decir que no, tal vez quieras continuar trabajando el desarrollo de la asertividad y el rechazo a la manipulación. Échale un vistazo a los Hábitos 26 y 27.

Hábito 26

El poder de la asertividad

Entendemos por asertividad la capacidad que nos permite comunicar nuestras opiniones, deseos, derechos o necesidades de forma eficiente. Es un elemento muy importante para establecer relaciones favorables, pero no todos la dominamos. Algunos tienen un estilo de comportamiento agresivo, aquellos que responden expresando sus necesidades de forma impositiva, utilizando formas más o menos evidentes de amenaza, humillación o degradación. En el lado opuesto, está el estilo pasivo, caracterizado por quienes se sienten incapaces de expresarse, y cuando lo hacen suelen realizarlo mediante autojustificación, vergüenza o disculpas. Ambos estilos son en diferentes formas erróneos y causan un desequilibrio en las relaciones. El estilo asertivo parte del respeto a los demás y a uno mismo, y es el que tiene mejores resultados para el establecimiento de las relaciones sociales.

Los NAS tienden a actuar siguiendo las pautas de un estilo pasivo. Suelen ser complacientes y autosacrifican sus propios intereses y deseos por los de los demás. Esto provoca en ellos una serie de dilemas que les generan sentimientos de culpabilidad y que les hacen vulnerables a la manipulación de otras personas. Tal vez hayas observado esta tendencia en tu NAS. Trabajar en él la asertividad es una herramienta muy útil para propiciar relaciones sanas y evitar el abuso de personas tóxicas. El desarrollo de este hábito es recomendable para cualquier NAS, pero más aún si has considerado trabajar los hábitos de autoestima (Hábito 11) y establecimiento de límites (Hábito 25).

Cuando... Me siento... Me gustaría... es una actividad basada en una conocida técnica de asertividad que ayudará a tu peque a interiorizar una estrategia aplicable a un buen número de situaciones que requieren de una respuesta asertiva.

> **La asertividad es el ingrediente principal
> en una relación sana.**

Cuando... Me siento... Me gustaría...

Con esta técnica de desarrollo de la asertividad tu peque aprenderá a responder asertivamente a determinadas situaciones difíciles.

1. Utiliza tres trozos de cartulina de colores diferentes. En el primero de ellos escribe «Cuando...», en el segundo «Me siento...» y en el tercero «Me gustaría...». Siéntate con tu peque y habla sobre lo difíciles que resultan algunas veces las relaciones y lo importante que es saber comunicarse adecuadamente para sentirnos mejor los unos con los otros.

2. Expón una situación hipotética. Puedes utilizar un ejemplo de un cuento, una película, o incluso de una situación familiar reciente. Es importante que se trate de una situación en la que la acción de una *persona A* provoca cierto malestar en una *persona B*. Saca la primera tarjeta «Cuando...». Pon en palabras lo que ocurrió, qué desencadenó esa emoción desagradable. Menciona la situación y la acción de la *persona A*. Seguidamente, muestra la tarjeta «Me siento...» y explica cómo se sintió la *persona B*. Por último, saca la tarjeta «Me gustaría...» y pensad juntos qué hubiera sido mejor en ese caso para que se hubiese evitado esa situación incómoda.

3. Hazle ver que esos tres pasos nos ayudan a explicar mejor lo que pasó para que nos sintiéramos de una determinada manera, cómo nos sentimos y cómo nos gustaría que hubiera sido la si-

tuación. Explícale que mantendréis las tarjetas y que, cada vez que suceda algo incómodo, las tendréis a vuestra disposición para tomarlas y explicar con ellas lo que ha ocurrido y lo que os gustaría que ocurriera la próxima vez.

Una vez que la estrategia ha sido explicada, llega el momento de ponerla en marcha.

Trabajando *Cuando… Me siento… Me gustaría…* en forma de hábito

Esta es una técnica para el desarrollo de la asertividad con la que pretendemos equipar al NAS de una herramienta que le permita hacer oír su voz y le capacite para exponer sus razones de una forma ordenada y lógica. Es mucho más fácil responder satisfactoriamente en una determinada situación si tenemos las herramientas para ello y hemos practicado con anterioridad.

Te animamos a mantener las tres tarjetas en un lugar de fácil acceso en la casa. Sácalas cuando se presente cualquier situación en la que puedan ser utilizadas. Tal vez tu peque te está contando algo que pasó en el colegio. Saca las tarjetas para que pueda verbalizar lo sucedido. O tal vez está habiendo algún tipo de disputa entre hermanos, es también un buen momento para usarlas y hablar entre ellas. Procura que todos los miembros de la familia aprendan a usarlas y las utilicen en situaciones del día a día. Utilízalas tú también cuando sea necesario. Una vez expuesto el «Cuándo…», el «Me siento…» y el «Me gustaría…» y siempre y cuando las dos partes implicadas están presentes, tratad de llegar a un acuerdo sobre cómo debería ser esa misma situación en el futuro. De esta forma tu peque será consciente del poder de la asertividad para resolver conflictos y situaciones desagradables.

A medida que vayáis utilizando las tarjetas y poniendo en práctica esta estrategia, él irá asimilando estos pasos como una forma eficiente para expresarse y conseguir una respuesta positiva por parte del otro. De este modo, tendrá un modelo asumido para comunicarse en momentos de cierta complejidad. Cuando una situación de este tipo surja en cualquier otro contexto, estará preparado para defender sus propios derechos de una forma asertiva.

Hábito 27

Resistir la manipulación

Diversos estudios han demostrado que los NAS pueden ser muy fácilmente manipulables, lo que les lleva a establecer relaciones con personas abusivas que quieren aprovecharse de ellos. Lamentablemente, esto es una realidad, y muchas de ellas lo consiguen. Por nuestras características personales, las PAS somos complacientes con otros y tendemos a la sumisión. Esto pone a nuestros peques en un riesgo real del que muchos padres y madres son conscientes y por el que están, comprensiblemente, preocupados. Por esta misma razón, los NAS tienen ciertas posibilidades de convertirse en víctimas de *bullying*, la forma de acoso más frecuente en los colegios hoy en día.

Si has observado en tu peque esa tendencia a complacer a otros y sospechas que podría ser blanco fácil de algún compañero con ciertas dotes manipulativas, es importante poner a su disposición algunas técnicas que le ayuden a confrontar esa manipulación y desarrollar en él el hábito de defender su propia postura para que tenga la fuerza suficiente para imponer sus derechos y no dejarse vencer. Aprender a decir no va a ser un elemento imprescindible para tu peque. Si lo consideras necesario, te recomendamos echarle un vistazo al Hábito 25.

Con la actividad que te proponemos a continuación pretendemos que tu peque se habitúe a mantener su postura y, sobre todo, defender sus derechos, y no dejarse convencer por argumentos que sólo buscan hacerle cambiar de opinión sin una razón de fuerza.

> Un argumento firme es un argumento
> que impide la manipulación.

En la piel de la víctima

Este es un ejercicio de resistencia a la manipulación que ayuda a reflexionar sobre la importancia de la resistencia y ofrece estrategias para la misma.

1. Piensa en diversos escenarios donde podría darse una situación de manipulación. Tal vez tu peque puede ayudarte con esto. Escríbelos en pequeñas tarjetas e introdúcelos en una bolsa. Reúnete con tu peque, sacad una de las tarjetas y hablar de esa situación. Asegúrate de que queda claro el contexto.

2. A continuación, representaréis esa situación. Tú serás el manipulador, y tu peque el manipulado. Dile que en esta primera ocasión debe dejar que el manipulador consiga su objetivo. A continuación, volved a representad el escenario, pero en esta ocasión no debe dejarse manipular. Sé tan duro como creas que pueda resistir.

3. Hablad de la experiencia. ¿Cómo os sentisteis en cada caso? ¿Qué creéis que fue bien y no tan bien? ¿Qué fue lo más difícil? ¿De qué otras formas podíamos haber respondido? Hablad de que a menudo los manipuladores pueden ser muy insistentes, pueden ofrecer algo a cambio o incluso utilizar burlas muy ofensivas. Hablad de qué estrategias podrían usarse en contra de esas artimañas. Podéis repetir alguna de las representaciones si creéis que podéis mejorarla.

Utiliza situaciones realistas y próximas a tu peque. Asegúrate de que después de cada una de ellas sabe cuál es una buena respuesta y cuál no lo es tanto.

Trabajando *En la piel de la víctima* en forma de hábito

Proporcionar escenarios de la vida real y desempeñar un determinado rol dentro de estos puede ser una experiencia reveladora para tu peque. Aunque te recomendamos que le dejes especialmente desempeñar el papel de la víctima, no está de más que de tanto en tanto represente también el del acosador. Eso le ayudará a ponerse en su lugar, identificar las estrategias a disposición de un manipulador y ver la forma en que tú respondes. Repetid esta actividad con diferentes situaciones, siempre tratando de representar dos respuestas contrarias por parte de la víctima.

Es importante que le hagas ver que un manipulador puede utilizar diferentes formas para conseguir su objetivo. Algunas de ellas pueden ser la de utilizar nuestras emociones y hacernos sentir mal (especialmente nos harán sentir culpa y vergüenza), hacerse la víctima, atacarnos directamente, chantajearnos, mentir… Hablad sobre cada una de estas tácticas. Haz que las reconozca o use durante vuestras representaciones para que se familiarice con ellas.

A medida que vais trabajando estas situaciones reales, es importante que vayas ofreciéndole diferentes estrategias para responder ante la insistencia o ante la manipulación. Él tiene que aprender a mantener su postura sin fluctuaciones. Algunas conocidas técnicas de asertividad como la del *disco rayado* o la del *banco de niebla* pueden ayudarle. Busca en Internet información sobre ellas y trabajadlas juntos.

Aprovecha situaciones reales que tu peque vea a su alrededor o que le ocurran a él mismo en el colegio u otras actividades. No dudes en representar junto a él diferentes escenarios que haya visto o incluso escenas provenientes de la televisión o películas.

Hábito 28

En busca de buenos amigos

Hay algunas características de la personalidad de los NAS que no les hacen ningún favor a la hora de escoger a sus amigos. Por lo general, los NAS aceptan a casi cualquier tipo de persona. Son complacientes y les gusta que los demás se sientan cómodos con ellos. Esto da lugar a que, lamentablemente, personas no muy convenientes se conviertan en amigos cercanos. El fácil que los NAS generen con ellas algunas relaciones tóxicas basadas en la dependencia emocional, la manipulación y el abuso. Por esta razón para muchos NAS este resulta, en muchas ocasiones, un hábito básico a trabajar.

Si has observado que tu peque se rodea de lo que podrían ser no tan buenas compañías, es el momento de pasar a la acción. Sólo necesitamos un pequeño ejercicio de observación para comenzar a buscar los comportamientos que nos informan sobre la personalidad de los otros. Trataremos de buscar personas con características positivas y, además, afines a nosotros.

A continuación te proponemos la actividad *El detective social*, en la que encontrarás un ejercicio que le ayudará a reflexionar sobre las personas que tiene alrededor y a identificar a potenciales buenos amigos, los que aportan cosas buenas a su vida, que suman y que no se aprovechan de sus cualidades.

> **Escoger buenos amigos nos conduce
> a buenas relaciones.**

El detective social

Con este ejercicio pretendemos que tu peque aprenda a discernir entre las diferentes personas que tiene alrededor y a identificar las que más le convienen.

1. Reúnete con él y hablad sobre la importancia de las buenas compañías. Puede ser útil que le menciones alguna experiencia personal de algún amigo tuyo que al final resultó que no fue tan buen amigo. Recuérdale que las personas somos diferentes y que, aunque podemos fallarnos unas a otras, y tendremos que perdonar y restablecer la relación, algunas veces podemos evitar relaciones tóxicas.

2. Explícale que ahora es un detective. Los detectives son una especie de investigadores secretos, se dedican a observar a las personas para recoger una información necesaria. Él tendrá que observar a las personas a su alrededor y descubrir cómo son, qué hacen y cuáles son sus características.

3. Ayúdale a entender que no todas las personas pueden ser nuestros amigos. Eso no significa que vayamos a llevarnos mal con algunas de ellas, sino que seremos más próximos a otras. Es normal congeniar más con unas que con otras. En su investigación tendrá que buscar a aquellas que son más adecuadas para él.

A partir de este momento, tu peque, con su lupa secreta, tendrá que comenzar a investigar en secreto a todo aquel con el que se cruce.

Trabajando *El detective social* en forma de hábito

Es importante que establezcas algunos criterios básicos antes de que tu peque salga a observar a los niños del barrio y el colegio. Es necesario que quede muy claro por qué algunas personas nos convienen más que otras. Ayúdale a comprender en qué consiste la afinidad de caracteres y de intereses.

En sus observaciones diarias como detective social, pídele que comience identificando qué diferencias ve entre unas personas y otras. Diferencias en la forma de hablar, en el volumen de su voz, el uso de palabras, en la forma de comportarse. Conversad sobre qué tipo de personas le hacen sentir más cómodo y por qué.

A continuación, hablad de cómo algunas personas nos ayudan a crecer mientras que otras no lo hacen. Las que nos ayudan suelen tener más palabras amables, de ánimo, que ofrecen en lugar de pedir, que no se enfadan con facilidad o no imponen sus opiniones o gustos sobre los demás. Son personas que respetan y cuidan de otros. Pide a tu peque que se mantenga atento y trate de buscar esos dos tipos de personas en el patio del recreo, que te cuente qué ha encontrado al respecto.

Por último, hablad de la similitud de intereses. Personas con intereses parecidos normalmente tienen más en común para compartir y disfrutar juntas. Anímale a buscar en su investigación personas que le gusten cosas similares a las que a él le gustan.

De esta forma, irás desarrollando en él el hábito de observar y analizar el comportamiento de los demás. Esto le ayudará a ser más reflexivo y exigente antes de aceptar la cercanía de cualquier persona. Poco a poco, a medida que vaya creciendo y desarrollando su pensamiento, esta será una potente herramienta para anticipar las posibles consecuencias que diferentes relaciones pueden desencadenar.

Hábito 29

Empatía sí, pero no tóxica

Ya hemos mencionado anteriormente que una de las cosas que nos caracteriza a las PAS es nuestra gran capacidad de empatía. Por supuesto esta es una cualidad positiva y muy deseable, sin embargo, puede convertirse en un arma de doble filo: hablamos de la empatía tóxica.

La empatía tóxica consiste en una reacción empática automática que condiciona, de forma inesperada, nuestro propio estado emocional, lo que puede verse reflejado también en nuestra conducta. Se trata de una condición que experimentan con frecuencia las personas con un grado de empatía muy alto, como en el caso de muchas PAS, es posible que tu peque esté también entre ellas.

Si has observado que es muy empático y tiene facilidad para entender y conectar con las emociones de los otros, no te asustes, como te decimos, eso es algo muy positivo. Pero presta atención a cómo se muestra después de haberse expuesto a una persona que acaba de compartir con él un estado emocional intenso. ¿Es fácil para él contagiarse de la tristeza ajena hasta el punto de quedarse estancado en ella aún durante algún tiempo después? ¿Siente la exagerada necesidad de solucionar los problemas ajenos aun cuando la solución está completamente fuera de su mano? ¿Se preocupa en exceso por lo que les ocurre a los otros? Si es así, tal vez debas plantearte comenzar a trabajar este hábito con tu peque.

Te presentamos *La burbuja protectora*, una sencilla actividad de visualización y reflexión con la que aprenderá a poner barreras a la toxicidad que puede acompañar su ser empático.

> **La empatía debería ser un regalo que damos sin recibir nada a cambio, más aún si ese algo es dañino.**

La burbuja protectora

Esta sencilla actividad ayudará a tu NAS a reflexionar sobre su propia empatía y evitar que se vuelva tóxica.

1. Busca un lugar tranquilo donde sentarte junto a él. Asegúrate de que no hay ruidos y es posible llevar a cabo una conversación tranquila y placentera. Pídele que se imagine que una enorme burbuja os rodea, es la burbuja protectora. Está hecha de un material impenetrable, dentro del cual puede sentirse seguro.

2. Seguidamente, tendrás que presentarle una historia real o inventada en la que otra persona está pasando por alguna situación complicada. Puedes utilizar la situación de algún amigo o conocido, incluso puedes leer un cuento o una noticia. Cualquier situación es válida. Deja que se empape de la historia, inmediatamente su empatía se activará. Pregúntale cómo le hace sentir esa historia. Deja que exprese sus emociones y las ideas que le vienen a la mente.

3. A continuación, recuérdale que estáis dentro de la burbuja protectora. Nada puede traspasarla. Visualizad la tristeza acercándose y chocando con ella. Imaginad preocupaciones y problemas haciéndolo también. Es cierto que hay emociones difíciles que podemos ver y percibir desde dentro, pero en realidad no son nuestras, están afuera. Hablad de qué podéis hacer para ayu-

dar en esa situación. Hablad también de qué no podéis hacer desde allí.

Sentaos dentro de la burbuja con frecuencia y observad emociones y preocupaciones de otras situaciones chocando con ella.

Trabajando *La burbuja protectora* en forma de hábito

Esta es una actividad para trabajar con cierta regularidad. Puedes aprovechar esas situaciones en las que veas que tu peque está sacando a la luz ciertas emociones procedentes de personas ajenas con las que ha empatizado. Es muy importante que reconozca la empatía como algo positivo y algo que nos acerca a otros. Se trata de una característica muy positiva y que hace de él una persona muy especial. Estamos, simplemente, tratando de evitar ciertos aspectos de su empatía que pueden lastimarlo.

Siéntate con él, recuérdale que estáis dentro de la burbuja protectora y hablad sobre esa persona y aquello que está experimentando. Pídele que te diga qué emociones llegan a él. Ayúdale a visualizarlas llegando y chocando con la burbuja protectora. Recuérdale que no son sus emociones. Que puede verlas, percibirlas, pero que deben quedarse afuera. Tratad de pensar en las formas en que puede ayudar a esa persona desde dentro de su burbuja. Ayúdale a darse cuenta de que hay muchas otras cosas que no puede hacer. Visualizadlas fuera de la burbuja, rebotando en las paredes de ese material impenetrable y marchándose de nuevo. Repite esta práctica cada vez que tengas oportunidad con situaciones reales.

Es muy útil también utilizar situaciones ficticias o, al menos, no pertenecientes a personas conocidas. Puede ser una noticia de un periódico, una historia sacada de Internet, o incluso la historia de un personaje de un cuento que hayáis leído recientemente. Visualizad cada vez las emociones llegando. Podéis verlas llegar, pero siempre se quedarán fuera. No os pertenecen.

Poco a poco, a medida que tu peque va asimilando este hábito, será capaz de visualizarse dentro de su burbuja protectora cuando esté junto a un amigo que sufre, o cuando está viendo las noticias en la tele, o cuando ve una película. Aún será capaz de conectar con esas personas que lo están pasando mal, y ayudarlas y acompañarlas, ese es un gran don de tu NAS. Pero ahora, esas emociones y preocupaciones no se quedarán con él de forma enfermiza. En algún momento, después de haberlo practicado repetidamente, ya no le será necesario visualizar la burbuja, porque las emociones de otros serán percibidas como ajenas de forma automática.

Hábito 30

Contra el estrés en contextos sociales

Como consecuencia de la sobreestimulación que experimentan los NAS en lugares donde hay una gran cantidad de estímulos, no suelen gustarles los espacios muy concurridos. La presencia de muchas personas suele agobiarles, más aún, cuando además de gente se acumulan los sonidos, ruidos, conversaciones o música de fondo, elementos visuales, movimientos, luces e, incluso, olores. Sin embargo, si queremos llevar una rutina normal, es bastante difícil evitar constantemente este tipo de situaciones a lo largo de la vida.

Es posible que hayas detectado en tu NAS este desagrado a la hora de asistir a reuniones familiares, fiestas o, simplemente, al centro comercial. En ciertas ocasiones podremos evitarlo, y dejar de asistir a ese lugar abarrotado de gente, puede ser lo más sencillo, pero no siempre ocurrirá así. Lo cierto es que es muy importante que le enseñes a hacer frente a este tipo de situaciones. Hay varias formas de hacerlo. Puedes enseñarle a desconectar y tomar pequeños descansos cuando siente que la saturación comienza a ser un problema. Puedes enseñarle a pensar diferente acerca del contexto, o darle ciertas herramientas en forma de ejercicios de relajación.

Aquí te presentamos un pequeño ejercicio con el que lo que pretendemos es que encuentre algún elemento en el que focalizar su atención y pasar por alto el resto de estímulos abrumadores. Además, focalizar su atención en elementos externos a su propio cuerpo, le ayudará a liberarse de esa sensación de estrés que se podría estar apoderando de él.

> Focalizar nuestra atención nos ayuda a pasar por alto
> ciertos estímulos abrumadores.

Diseñadores de interior

Con este juego mental, trataremos de que tu peque pueda concentrarse en tan sólo algunos de los elementos en la situación social en la que se haya para poder hacer frente a la sobresaturación.

1. Preséntale este ejercicio como una actividad que puede ayudarle a mantener su mente ocupada durante actividades en las que la cantidad de personas presentes le saturen. Lo ideal es hacerlo antes de tener que asistir a alguna fiesta o cualquier otra reunión social. Explícale que su cerebro capta cada pequeño detalle a su alrededor, y que por eso, cuando hay mucha gente, al haber muchos pequeños detalles, se siente abrumado. Explícale también que la atención es como una pequeña linterna, si enfocamos con ella a un determinado lugar, veremos sólo lo que ocurre en ese lugar, no siendo conscientes de absolutamente todo lo que ocurre alrededor. Haremos eso para que nuestro cerebro pueda descansar y centrarse sólo en algunos detalles.

2. A continuación, pídele que cuando se encuentre en la fiesta, se imagine que le han contratado como diseñador de interiores para redecorar el lugar. Explícale en qué consiste el trabajo de un diseñador de interiores. Tendrá que analizar el mobiliario y su ubicación en la sala, la decoración, los colores, las paredes, las cortinas…

3. Pídele que imagine una decoración o distribución diferente. ¿Qué se le ocurre que podría poner en la pared? ¿Tal vez un cuadro? ¿Qué tal unos cojines sobre el sofá? ¿Unas flores en un jarrón? ¿Qué colores utilizaría para decorar? ¿Y si cambiáramos los muebles de lugar?

Las reuniones sociales pueden pasar de ser un momento de estrés a un divertido juego de redecoración.

Trabajando *Diseñadores de interior* en forma de hábito

Lo que pretendemos con este ejercicio es que tu peque pueda tener algún elemento distractor que le ayude a reducir la sobrecarga por exceso de información en contextos sociales. Al principio, querremos que su atención se aleje de las personas que están alrededor, por eso, la fijaremos en los elementos de la sala. De esta forma, al estar concentrado en el mobiliario y la decoración, elementos por lo general inmóviles, y al tener una tarea a desempeñar, el resto de los elementos pasarán a un segundo plano, reduciendo así la sensación de sobreestimulación. El elemento artístico y creativo en la composición de un espacio agradable, aunque sea imaginado, tiene también un componente motivador para los NAS.

A medida que el peque se va exponiendo a diferentes contextos sociales y poniendo en práctica este ejercicio de visualización, la repetición de este hará que se acostumbre a este tipo de situaciones, y poco a poco irá sintiéndose menos incómodo.

Proponemos poco a poco ir cambiando el foco de atención e ir desviándolo a las personas. Es importante hacerlo de forma gradual y asegurarnos de que nuestro peque está preparado para ello. Así, una vez superada la fase de *diseño de interiores,* podemos convertirlo en un *asesor de imagen.* Como asesor de imagen, tu peque analizará la ropa de los asistentes y propondrá posibles cambios a sus atuendos, como por ejemplo añadir un sombrero, una corbata roja o un collar de perlas. De este modo, comenzará a interactuar con los invitados de una forma indirecta, y poco a poco iremos disminuyendo esa sensación de agobio debida al exceso de personas en un mismo espacio. Un siguiente nivel sería el de analizar las personalidades y formas de actuar de las diferentes personas para imaginar qué posibles profesiones podrían desempeñar o a las que podría recomendarles que se dedicaran. Por supuesto se trata simplemente de un juego de imaginación y visualización, en ningún momento pretendemos que nuestro peque comunique sus observaciones. Todo quedará como un pequeño juego dentro de su mente. Pero el hecho de tener que prestar atención al comportamiento de las personas que hay a su alrededor y escuchar la forma en la que hablan y sus intereses le acercará un poco más a la realidad de esas personas. De esta forma, poco a poco, aprenderá a ser no sólo uno más presente en la reunión, sino también un participante más de la misma, al involucrarse en conversaciones e interactuar con los presentes.

BLOQUE 4
Hábitos de autocuidado emocional.
Acompáñale en su gestión de emociones

Introducción

También a nivel emocional encontrarás algunos elementos tanto positivos como negativos asociados a las características de la alta sensibilidad de tu peque. Como siempre, no todos deben cumplirse en un NAS, pero existen ciertas probabilidades de que tu peque pueda asociarse con varios de ellos. Tendrás que observar y analizar su comportamiento para determinar qué aspectos son los que más podrían beneficiarle si se trabajaran y desarrollaran adecuadamente.

Te presentamos diez hábitos que podrás poner en marcha en tu peque y que creemos que pueden ayudarte tanto a impulsar las luces del rasgo, ya sabes, las características positivas, como a reducir las sombras y su impacto, aquellos elementos no tan deseables que trataremos de disminuir. Pero comencemos con un pequeño repaso sobre estas características que debes observar en tu peque y trabajar para sacar en él su máximo potencial.

Luces del NAS en el nivel emocional

Podríamos afirmar que, en general, los NAS, debido precisamente a esa sensibilidad que también destaca en el nivel emocional, tienden a tener una mejor comprensión de las emociones. Al ser analíticos, se fijan con mayor detalle en lo que ocurre dentro de sí mismos. Esto no quiere decir que conozcan mejor las emociones, se trata de un potencial de comprensión que pueden desarrollar de forma más fácil que la de otros. Junto a esta capacidad de comprender emociones, se da también una mayor capacidad de facilitación emocional. La facilitación emocional es una capacidad que consiste en sacar el máximo partido de nuestras emociones, es decir, utilizarlas para impulsar determinadas acciones que se ven beneficiadas por la experimentación de determinada emoción. Estas son características propias de la inteligencia emocional que ponen a tu peque en un lugar ventajoso en cuanto al uso de la emoción.

Los NAS son además niños y niñas con una gran capacidad de disfrute. Experimentan las emociones de una forma intensa, lo cual les permite percibir de una forma más recreativa las emociones agradables.

Por último, aunque se trata también de una característica con un gran provecho, cabría mencionar la gran capacidad de resiliencia que, por lo general, tienen los NAS. La resiliencia es una capacidad que nos permite enfrentar situaciones adversas y poner en marcha una serie de recursos propios para su superación.

Sombras del NAS en el nivel emocional

En cuanto a las sombras, hemos mencionado anteriormente una experiencia emocional intensa, lo cual puede tener las dos caras de una misma moneda. Los NAS también experimentan con mayor intensidad emociones desagradables, como la tristeza, la rabia, la frustración, etc. Emociones como la culpa son además experimentadas como perturbadoras por las PAS y pueden también estar presentes de forma importante en los NAS. Se da en ocasiones una tendencia a la decepción, experimentada por las altas expectativas que suelen establecer los NAS. La confusión que producen emociones cambiantes o combinadas puede ser percibida también de una forma más perturbadora. Todo esto puede contribuir fácilmente a una sobrecarga o desbordamiento emocional que hay que aprender a manejar para evitar el bloqueo emocional, común en muchos NAS. Relacionado con esto, puede producirse además la presencia de un tipo concreto de rabietas ocasionado por la saturación emocional.

Algo que se ha observado con frecuencia en los NAS es la sensibilidad ante imágenes violentas o que, aunque no sea de forma directa, evocan cierto grado de violencia. Esto es algo muy común en peques durante el visionado de vídeos o películas.

Hábito 31

Ampliando el repertorio emocional

Los NAS tienen una gran capacidad para comprender y utilizar sus propias emociones. Como cualquier otra capacidad, esta puede desarrollarse para conseguir su máximo potencial y esto es algo que trataremos de trabajar en nuestro peque, pero para ello necesitamos asegurarnos de que conoce las diversas emociones y las diferencias entre las mismas. Es importante que nuestro NAS tenga un repertorio emocional suficientemente amplio y que sea capaz de utilizarlo para expresar sus propias emociones y reconocerlas en otros. Cuanto mayor sea el repertorio emocional de nuestro peque, mejor será la comprensión emocional que pueda adquirir.

Con este hábito, pretendemos que tu peque identifique las emociones que conoce y sea capaz de reflexionar sobre ellas y relacionarlas con situaciones concretas. Esto le ayudará no sólo a identificar y comprender sus propias emociones, sino que también contribuirá a detectar y entender las emociones de las personas que tiene a su alrededor.

En las siguientes páginas te presentamos una sencilla actividad con la que pretendemos que tu peque organice las emociones, les ponga un nombre y sea capaz de identificar algunas de sus características básicas. Creemos que es un primer paso que puede ayudar a muchos peques a comenzar a trabajar con las emociones.

Diccionario ilustrado de emociones

Con este ejercicio nuestro peque realizará un diccionario de emociones
en el que registrará tantas como pueda recopilar.

1. Necesitaréis un cuaderno que se convertirá en el diccionario de
   emociones. Explícale que tendrá que mantener los ojos bien
   abiertos, porque a partir de ese momento deberá buscar expresiones faciales de emoción en objetos cotidianos. Por ejemplo, una
   cara de sorpresa en la bola de la bolera, una expresión de enfado
   en un pimiento cortado por la mitad, una cara sonriente en la
   parte delantera de un automóvil, etc.

2. Podéis salir a pasear y estar pendientes de lo que veis alrededor.
   Cuando observéis una expresión facial en cualquier objeto, to-
   mad una foto de él. Después tendréis que imprimirla para pegar-
   la en el diccionario de emociones.

3. Debatid sobre qué emoción representa cada una de las expresiones faciales fotografiadas. Utilizad el cuaderno para escribir la
   emoción y pegad la fotografía en la misma página. Después, si tu
   peque es habilidoso escribiendo, pídele que escriba en esa página
   todo cuanto sepa de esa emoción: cómo hace que nuestro cuerpo
   se sienta, qué nos impulsa a hacer y que escriba algunos ejemplos
   sobre situaciones en las que puede aparecer. Conversad sobre ello.

Añadir al diccionario tantas emociones como seáis capaces de encontrar en los objetos que os rodean.

Trabajando *Diccionario ilustrado de emociones* en forma de hábito

Esta es una actividad muy básica que puede ser una buena forma de comenzar a trabajar las emociones, especialmente para los niños con los que no se ha trabajado tanto hasta el momento. El hecho de buscar expresiones faciales en objetos inertes suele resultar motivador para los niños sobre todo algo más mayores, pero si tu peque es más pequeño, tal vez prefieras utilizar imágenes con expresiones emocionales tomadas de caras humanas. Será mucho más sencillo y fácil de trabajar con los niños y niñas de los primeros cursos de Primaria.

No temas que las emociones se repitan a lo largo del cuaderno. No está de más trabajarlas de forma persistente. Además, seguramente tu peque pueda percibir diferentes niveles de intensidad entre dos fotografías en las que se muestra una expresión facial de la misma emoción. Deja que se centre cada vez en la emoción representada por la fotografía, en el grado de intensidad que pueda percibirse en ella.

Permite que tu peque haga suyo el diccionario. Si tiene nuevas ideas para desarrollarlo, todas son bienvenidas. Anímale a utilizarlo y a acudir a él tantas veces como pueda ser útil. Poco a poco, su contenido se irá integrando en su mente y la identificación de las emociones en rostros de otras personas que le rodean y en sí mismo será una actividad natural y automática.

Hábito 32

Enséñale a identificar lo que siente

La identificación emocional es el término con el que nos referimos a ese conjunto de capacidades que nos permiten identificar y reconocer las emociones que experimentamos en nosotros mismos, así como en los otros. Se trata de un grupo de capacidades básicas que conforman un fundamento para muchas otras capacidades superiores. Para muchos niños, es difícil identificar lo que experimentan, ayudarles a saber reconocer sus propias emociones puede ser una labor con importantes repercusiones en su bienestar. Los NAS pueden encontrarse con la misma dificultad, pero, en su caso, puesto que sus emociones pueden ser, en ocasiones, percibidas más intensamente, la confusión que les genera puede ser aún mayor, por lo que los beneficios de fomentar su identificación emocional son también mayores.

Por su gran capacidad de percepción, los NAS tienen cierta facilidad para el desarrollo de la identificación de emociones, no sólo en ellos mismos, sino también en los demás, es ese uno de los elementos que les proporciona su gran capacidad empática. Esta es, por tanto, una tarea que puedes poner en práctica de forma sencilla y que, además, beneficiará a tu peque considerablemente.

Con la actividad que te presentamos a continuación, queremos otorgarle un recurso que le sirva de ayuda para, en primer lugar, identificar la emoción experimentada y ser capaz, en segundo lugar, de representarla y explicarla.

Identificar nuestras emociones es el primer paso
para comprenderlas y manejarlas correctamente.

El tiempo dentro de mí

Las emociones son experiencias internas que pueden reflejar la calma de un día soleado o causar verdaderas tormentas en tu NAS. Ayúdale a identificar lo que está experimentando con esta actividad.

1. Comienza conversando con él sobre las emociones, y cómo en diferentes momentos podemos experimentar diferencias entre ellas. Compáralo con el tiempo atmosférico, que puede variar de un día a otro, pero que, además, cambia en un mismo día, adquiriendo diferentes matices e intensidades.

2. A continuación, pídele que se concentre en su estado emocional actual. Pregúntale si se siente tranquilo, o si tiene algún tipo de alteración. Tal vez puedes guiarle en la observación de ciertos indicadores, como el ritmo al que late su corazón, su nivel de ánimo y energía interior. Pídele que piense en diferentes condiciones atmosféricas (un día soleado, lluvia, viento, etc.). ¿Con cuál se siente más identificado? No necesariamente ha de corresponder con el que hace afuera en la calle, o con el de la estación en la que nos encontramos.

3. Después de la conversación, anímale a que represente su emoción mediante un dibujo en el que muestre la condición atmosférica que ha escogido para que represente su estado emocional. Anímale a que te explique por qué ha escogido esa precisamente, que te detalle, en la medida de lo posible, las características de lo que experimenta. Después, podéis ponerle algún nombre a la emoción.

De esta forma, habrá aprendido a representar sus emociones comparándolas con las condiciones meteorológicas.

Trabajando *El tiempo dentro de mí* en forma de hábito

Esta es una actividad para repetir en diferentes momentos y circunstancias. Conviene repetirla cuando tu peque esté atravesando por distintos estados emocionales para ayudarle a reflexionar y analizar cada uno de ellos. Se trata de una actividad muy adecuada para la autorreflexión y la introspección. Si le resulta una actividad agradable, te animamos, incluso, a hacerla en forma de diario emocional, dedicando unos minutos cada día a este análisis interno.

Como te mencionábamos, los NAS suelen experimentar emociones con una cierta intensidad, además, su grado de perceptibilidad es mucho mayor, lo que les hace ser más conscientes de sus emociones. Esta práctica, realizada a lo largo del tiempo, puede ayudarles a ser conscientes de sus estados emocionales, lo que contribuirá posteriormente a comprenderlos, controlarlos y utilizarlos en su favor.

Poco a poco, a medida que vaya repitiendo esta actividad, irá siendo capaz de describir sus emociones de una forma más fácil y con mayor naturalidad. Al cabo de algún tiempo, incluso, ya no será necesario que la dibuje, puesto que a la emoción le acompañará una imagen mental que la represente. Aunque al principio necesitará asociarla con una condición atmosférica, poco a poco, podrá pensar en algo tan complejo y abstracto como la emoción sin necesidad de valerse de un elemento con el que asociarla. De este modo, después de algún tiempo, ya no será necesario que eche mano de esa asociación, pues será capaz de identificar su propia emoción y de expresar los detalles de la misma.

Hábito 33

Aceptación de emociones

Para muchos niños y niñas, las emociones son difíciles de entender y de explicar. Al tratarse de algo abstracto, que no podemos ver ni tocar, pero que es real y afecta a nuestro día, puede resultar algo confuso. Los NAS presentan, además, emociones percibidas intensamente, lo que en muchos casos interfiere en sus pensamientos y acciones. Muchas veces estas emociones son vistas como algo negativo que viene a quitarles la paz. De ahí que, en ocasiones, estas emociones experimentadas como desagradables tiendan a suprimirse, lo cual en realidad lleva a una represión que, posteriormente, generará otros problemas.

Las emociones en sí no son buenas o malas; cada emoción tiene su función, y bien canalizadas, no hay emociones positivas o negativas, todas son beneficiosas. De hecho, las emociones desempeñan un papel muy importante en nuestros cuerpos: nos preparan para la acción. Los peques necesitan aprender a observar sus emociones, a entenderlas, aceptarlas y extraer de ellas su potencial.

La actividad que te presentamos para desarrollar el hábito de la aceptación de emociones pretende que tu peque normalice la experimentación de la emoción, se acerque a ella, la reciba y se pregunte el porqué de su existencia, que comprenda las causas que la han originado y aprenda a encauzarla de la mejor manera posible. Se trata de unos pasos previos imprescindibles para el bienestar y la gestión emocional.

> Las emociones son amigas que nos ayudan a lidiar con la realidad. Deberían ser siempre bienvenidas.

El duende de la tristeza

Aceptar las emociones, independientemente de su naturaleza, es imprescindible para el bienestar emocional de tu NAS.

1. Te animamos a poner en marcha esta actividad cuando tu peque esté experimentando una emoción de cierta intensidad, pero que le permita sentarse y conversar. Pongamos por ejemplo el caso de la tristeza.

2. Pon frente a él un papel y lápices de colores. Puedes utilizar otros materiales si crees que lo prefiere. Dile que has notado que está un poco triste. Explícale que a veces las emociones nos invaden como si fueran pequeños duendecillos que se cuelan dentro de nosotros. Dile que en este caso a él se le ha colado el duende de la tristeza, y que es el que está haciendo que se sienta así. Pídele que imagine cómo es. Después anímale a dibujarlo en el papel. Hablad sobre su aspecto, su color, su tamaño..., también podéis ponerle un nombre.

3. A continuación, con el dibujo del duende de la tristeza frente a vosotros, explícale que los duendes de las emociones en realidad son nuestros amigos. Suelen venir por algo que ha ocurrido y quieren ayudarnos. La tristeza, por ejemplo, nos ayuda a retirarnos y reflexionar, tal vez para pensar en algo que hemos perdido, o para estar con nosotros mismos. Hablad de la razón por la que ha venido esta vez y a qué querrá ayudarlo.

El duende de la tristeza es ya un amigo. No asustarse de él será más fácil desde ahora.

Trabajando *El duende de la tristeza* en forma de hábito

Aunque, evidentemente, iniciaremos el trabajo de este hábito poniendo en marcha esta actividad con una emoción concreta, lo que se pretende es que poco a poco se vayan trabajando diferentes emociones. La dinámica será siempre la misma: comenzaréis identificando la experimentación de una emoción y, a continuación, tu peque tendrá que centrarse en esa experiencia, enfocarse en esa emoción para dibujar a su duende tal y como se lo imagine, utilizando la forma, los colores y la expresión que él mismo decida.

No importa si aparecen emociones repetidas, podemos volver a dibujar el mismo duende, o tal vez tu peque decida dibujar uno diferente cada vez, aunque se trate de la misma emoción. Lo cierto es que mismas emociones pueden sentirse de formas diferentes cada vez. Es importante otorgarle una representación y un nombre, eso lo hará más personal, más cercano, más concreto, eso es precisamente lo que queremos conseguir.

Una vez que la emoción tiene una apariencia y un nombre, será algo más fácil para él hablar de ella. Inicia la conversación. Recuerda que es muy importante responder a las preguntas *¿para qué ha venido?* y *¿qué es lo que quiere?* Es posible que estas preguntas sean, a veces, difíciles de contestar. No te preocupes. Mantén la calma y trata de, mediante preguntas, ayudarlo a buscar sus respuestas. Tal vez necesitará algo más de ayuda para contestar la segunda pregunta. Recuérdale que las emociones siempre tienen un objetivo: el duende del miedo nos paraliza porque quiere protegernos de algún peligro, el de la ira nos altera porque quiere incentivarnos a responder ante una injusticia, el de la frustración nos quita el ánimo de continuar intentando porque no quiere que volvamos a equivocarnos, y así con todos. Es importante entender cómo los diferentes duendes nos afectan y por qué lo hacen. Entenderlo nos ayudará a explicar al duende del miedo que no necesita paralizarme esta vez, porque eso que él ha visto como un peligro, en realidad, no es nada de lo que haya que preocuparse, o al duende de la ira que deje de alterarme porque lo que ha ocurrido tiene una solución.

Poco a poco, tu peque irá dándose cuenta de que las emociones, aunque en ocasiones le alteren y le hagan sentir confuso, no son malas en absoluto, sólo tratan de cuidarnos y protegernos. Es importante conocerlas y entenderlas para saber cómo utilizarlas y poder beneficiarnos de ellas.

Aunque al principio tu peque necesite dibujar al duende y otorgarle un nombre, a medida que la práctica se vaya interiorizando, irá también adquiriendo el hábito de aceptar sus propias emociones y no necesitará acudir a la idea del duende para poder asumir su importancia y valorar su presencia.

Hábito 34

El misterio de las emociones cambiantes

Ya hemos hablado de que los NAS tienen cierta dificultad en la gestión del cambio, los cambios emocionales no son una excepción. En su caso, además, debido a su especial capacidad de percepción, necesitan aún más una explicación a este tipo de cambios, es por ello, que trabajar en ellos las transiciones entre emociones puede ser un aspecto que les provea de un gran beneficio. Puesto que, por naturaleza, tienen una comprensión avanzada del funcionamiento emocional, ya que son más sensibles a las emociones tanto propias como de los otros que los niños con sensibilidad media o baja, esta es una tarea que no debe resultar difícil de trabajar, y su potencial beneficio es muy elevado.

Una de las formas en las que podemos fomentar la comprensión emocional consiste en entender el origen de las mismas. Las emociones surgen como resultado de un estímulo, ya sea una vivencia, una experiencia, un pensamiento… Esto resulta especialmente importante ante la transición de las emociones. Cuando estas cambian de forma más o menos brusca, más aún si lo hacen repentinamente, pueden generar una confusión comprensible en los niños, quienes son incapaces de explicar qué es lo que ha ocurrido.

Con la actividad que presentamos a continuación, queremos que tu peque reflexione sobre cómo las circunstancias que nos rodean están constantemente generando un impacto en nuestro interior. Ese conocimiento le ayudará a entender los cambios que su producen en él.

> **Las emociones cambian constantemente, como también cambia el mundo que nos rodea.**

Historias incompletas

Entender las transiciones emocionales es una pieza clave para ayudar a tu NAS a comprender sus emociones y enfrentarse a los cambios que se dan en ellas.

1. Siéntate con tu peque un día tranquilo y preséntale la actividad como un juego para pasar un tiempo juntos. Podéis llevar a cabo este ejercicio en cualquier lugar y casi en cualquier situación.

2. Dile que vas a presentarle el inicio y el final de una historia inventada por ti, y que, a continuación, tendrá que completar el resto de la historia describiendo qué fue lo que cree que pudo haber ocurrido. Puedes utilizar este ejemplo: «Una mañana de primavera el abuelo salió a pasear. Era un día soleado y tranquilo, los pájaros cantaban alegremente mientras el abuelo caminaba por el parque con una sonrisa de oreja a oreja». Pero esta historia termina así: «Cuando el abuelo llegó a su casa, los pájaros seguían cantando alegremente, pero él tenía los ojos húmedos y la mirada distraída». *¿Qué crees que pudo haber ocurrido en la historia?*

3. Ahora es el turno de tu peque. Tendrá que inventar un suceso, una experiencia o alguna circunstancia que complete la historia y dé sentido a lo que ha ocurrido en ella. Déjale el tiempo que necesite para crearla y pídele que te cuente tantos detalles como sea capaz de imaginar.

Las posibilidades son infinitas, hay muchos incidentes capaces de cambiar la emoción.

Trabajando *Historias incompletas* en forma de hábito

Esta es una pequeña actividad fácil de poner en marcha un día cualquiera, dentro o fuera de casa, sólo requerirá un poco de imaginación por tu parte, y de la de tu peque, por supuesto. Es importante que tengas en cuenta que en la historia que inventes debe producirse un cambio de estado emocional. No des demasiados detalles, sólo los imprescindibles para describir una emoción al inicio y una emoción diferente al final. Ni siquiera es necesario que tengas en mente una posible explicación para esa transición, deja que tu peque se encargue de eso.

Escúchale bien cuando narre la parte que falta de la historia. Siéntete libre de hacerle preguntas o pedirle detalles de lo que ha pasado. Asegúrate de que tiene sentido y ha encontrado una explicación a ese cambio emocional. Después, podéis continuar con la misma historia, tratad de inventar otras explicaciones, creando historias diferentes. Asegúrate de que en las diferentes posibilidades haya circunstancias o sucesos que generen cambios emocionales, pero también pensamientos, o incluso emociones de otras personas que interfieren en las emociones del personaje. Por ejemplo, en la historia del abuelo, puede ser que unos niños jugando en el parque hayan dejado escapar una pelota que lo golpeó y le lastimó, lo que acabó con su alegría, eso se trataría de un suceso que afectó a su emoción. Pero podría también deberse a un pensamiento; tal vez, caminando por el parque recordó a un buen amigo que ahora no está y eso le causó tristeza. O podría ser que en su paseo comenzó a hablar con otra persona que está pasando por algunas dificultades, lo cual contagió de tristeza al abuelo, en este caso, emociones ajenas interferirían en las suyas.

Para explicarle las transiciones, puedes usar la imagen de la montaña rusa emocional. Este tipo de atracción tiene pendientes por las que transita el tren el que el van los pasajeros. Cuando se sube una montaña, los pasajeros experimentan una emoción diferente a la que sienten cuando bajan por ella a toda velocidad. La montaña rusa también tiene partes del recorrido en llano, que dan un respiro y ayudan a prepararse para la intensa emoción que les espera más adelante.

Recuerda utilizar diferentes emociones cada vez, haz que algunas veces las historias tengan finales felices y otras tristes. Trata de que haya la máxima variedad posible en cuanto a emoción.

Si crees que a tu peque podría resultarle motivador, deja que algunas veces también él sea quien cree el principio y el final de la historia y tú tengas que completar lo que ocurrió en medio. En ese caso, una vez que hayas propuesto tu alternativa, pregúntale qué se habría imaginado él, compartid otras posibilidades.

Aunque parece un ejercicio muy sencillo y aparentemente sin implicaciones, te sorprenderá observar cómo, trabajado en el tiempo, esta actividad puede ayudar a tu peque a entender las transiciones emocionales tanto en sí mismo como en quienes le rodean. Poco a poco, las transiciones emocionales dejarán de ser un misterio, pues sabrá que todo cambio tiene una razón que lo explica.

Hábito 35

Generar emociones de ayuda

Algunas de las dificultades en las que pueden verse envueltos, con facilidad, los NAS son los estados de ansiedad y depresión. Estos estados son difíciles de enfrentar y superar, y cuando se convierten en una limitación, es necesario contactar con un especialista que pueda acompañar al peque a superarlos. Sin embargo, podemos ayudar a nuestros peques cuando aparecen pequeños signos, o incluso con cierta prevención si sabemos que nuestro peque tiene tendencia a ello o está pasando por algún período especialmente retador. Entender los antecedentes de la emoción puede ser una línea para trabajar (para ello puedes poner en práctica el Hábito 34). En este caso nos centraremos en otra gran propuesta: la generación de emociones de ayuda.

Saber utilizar las emociones para nuestro bien es una capacidad con un gran potencial, de eso trata la actividad que te proponemos a continuación. A través de ella, queremos que tu peque disponga de un recurso al que acudir en aquellos momentos en los que ciertas emociones podrían generar un cambio positivo en su bienestar. Queremos poder generar esas emociones de ayuda. Para ello te proponemos *Emociones enfrascadas,* una actividad en la que fusionamos la sensibilidad olfativa de tu peque con las emociones que diferentes olores generan en él.

> **Si una emoción puede ayudarme a sentirme mejor,
> es una buena idea enviarle una invitación.**

Emociones enfrascadas

La sensibilidad al olor de tu NAS, más alta de lo habitual, puede ser un buen aliado para generar emociones que le ayuden en momentos de necesidad.

1. Necesitarás varios frasquitos para llevar a cabo esta actividad. Llénalos de agua y añade a cada uno de ellos un par de gotas de diferentes aceites esenciales, de varios olores, un olor para cada uno de los frasquitos. También puedes utilizar bolas de algodón impregnadas, igualmente, con un par de gotas de aceite esencial. Encierra cada bola en una cajita o bolsita, asegurando que los olores no se mezclen entre sí. Ten también preparadas algunas etiquetas, cada una de ellas con una emoción escrita en ella: paz, alegría, energía, calma, activación... Deja algunas etiquetas sin nada escrito.

2. Presenta los frasquitos a tu peque. Deja que los abra y huela su contenido. Entrégale también las diferentes etiquetas. Pídele que relaciones las etiquetas con los olores de los frascos. No necesariamente debe haber un olor para cada emoción. Es posible que varios de ellos generen la misma emoción. O puede que ninguno se corresponda a las emociones presentadas. Puede utilizar las etiquetas en blanco para escribir otras emociones.

3. Guarda los frascos con sus respectivas etiquetas en un lugar accesible. Dile que están disponibles para cuando las necesite. Si necesita sentir calma en un momento dado, basta con abrir el frasquito con la etiqueta de calma y sentarse en un lugar tranquilo para disfrutar de su olor.

Los frasquitos de las emociones están listos para generar emociones que ayudan en el momento en que sean necesarias.

Trabajando *Emociones enfrascadas* en forma de hábito

Esta es una tarea para ser repetida. No se trata de realizarla una única vez, sino de llevarla a cabo en varias ocasiones, con diferentes estados emocionales, y en situaciones distintas. Cada vez, trata de reunir diferentes olores, prepara etiquetas con diferentes emociones también, todas las emociones serán de ayuda o agradables.

Es posible que, al repetirla varias veces, los favoritos sean diferentes cada vez, y es probable también que las etiquetas varíen de unos olores a otros. Está bien, no hay problema. Es importante continuar repitiendo la actividad para ver qué patrones se repiten, qué tipos de olores son los preferidos y cuáles son los que incitan más emociones de ayuda. A partir de la repetición, tu peque se irá familiarizando con los diferentes olores e irá relacionándolos con distintos estados emocionales. Ahí entra en juego el proceso de asociación entre una emoción agradable y un olor que ayudará a tu peque altamente sensible a realizar un cambio de estado emocional.

A medida que la actividad se va afianzando y él va conociendo los olores que más le ayudan a conseguir las emociones que desea, es conveniente ayudarle a utilizar los olores para generarlas. Tal vez en este punto es recomendable conseguir algún sistema de ambientación, como un humidificador o un difusor de esencias con el que perfumar el ambiente y fomentar el uso de aceites esenciales para así potenciar la gestión emocional a través del olfato. Este puede ser un recurso muy favorecedor para tu peque en el futuro.

Hábito 36

Combinación de emociones

Otro aspecto que suele causar mucha confusión con respecto a las emociones en los NAS es cuando aparecen emociones nuevas o desconocidas. Por lo general, esto ocurre cuando se dan combinaciones entre las emociones básicas, como la alegría, el miedo, la tristeza, el enfado o el desagrado. Las combinaciones son infinitas, más aún si tenemos en cuenta las diferencias de intensidad, por lo que la posibilidad de encontrarnos con una nueva emoción también lo es.

Ser consciente de estas combinaciones emocionales es un elemento muy importante en la comprensión emocional, una capacidad que sienta las bases del poder beneficiarse de las emociones haciendo uso de ellas y también de la gestión de las emociones, dos características que acompañan a las personas emocionalmente inteligentes. Recuerda que tu NAS se ve aturdido por el desconocimiento emocional, que le crea confusión e inseguridad, pero, dada su sensibilidad hacia las emociones, le resultará bastante fácil alcanzar un buen nivel de comprensión emocional si lo estimulamos y trabajamos adecuadamente. Con un esfuerzo relativamente pequeño, los beneficios pueden ser muy elevados.

Con la actividad que te presentamos a continuación, pretendemos que tu peque practique reflexionando y analizando las combinaciones de diferentes emociones, de este modo estaremos fomentando su comprensión emocional.

> Comprender las emociones es un paso adelante
> hacia la facilitación y la gestión emocional.

Mezclas de colores

Con esta actividad queremos que tu peque se familiarice con el funcionamiento de la emoción y sea capaz de identificar emociones mucho más complejas que podrían aturdirle.

1. Toma una caja de témperas y siéntate junto a él para explorar los colores. No necesitas muchos, con algunos primarios será suficiente. Lo primero que tendréis que hacer será hacer un repaso por los diferentes colores que tenéis y atribuir a cada uno de ellos una emoción. Deja que sea tu peque el que lo haga. Por ejemplo, el amarillo alegría, el azul tristeza o el rojo ira.

2. Abre los botes de color. Poco a poco ve extrayendo algo de pintura de uno de los colores y colócala sobre un papel. Pon sobre la mancha un poco de pintura de otro color. Anima a tu peque a mezclar los colores *¿qué color ha salido?*

3. Fijaos en las emociones que habéis mezclado. *¿Cómo sería la emoción a la que le correspondería ese color? ¿Sabes su nombre?* Por ejemplo, si habéis mezclado el amarillo (alegría) y el azul (tristeza) habrá salido verde, y la nueva emoción podría ser la nostalgia. *¿Te has sentido así alguna vez? ¿Qué podría haber ocurrido para sentirte así?*

Seguid mezclando colores y emociones, y buscad qué posibilidades nuevas aparecen.

Trabajando *Mezclas de colores* en forma de hábito

Es posible que al principio resulte un poco complicado para tu peque pensar en las emociones que surgen mezclando emociones primarias. Algunas veces saldrán emociones cuyo nombre sea capaz de encontrar, pero otras veces será más difícil dar con el nombre de la emoción. No pasa nada. Lo importante es pensar en cómo sería dicha emoción y en qué circunstancias podría aparecer.

Tal vez sería de ayuda buscar una lista o una tabla con los nombres de diferentes emociones. Hay muchas en Internet, prueba a escribir en tu buscador *círculo de emociones* y seguro que encuentras buenas alternativas. Utilizad esos nombres cuando tratéis de averiguar la emoción resultante.

Poco a poco, puedes ir modificando la actividad y volviéndola más compleja. Por ejemplo, podéis añadir un tercer color a la mezcla. Podéis también experimentar con una misma mezcla, pero variando las cantidades utilizadas de cada color. O, incluso, podéis mezclar dos colores que hayan resultado de mezclas anteriores. Tratad de pensar en la experiencia de esa emoción, así como en posibles circunstancias o experiencias que podrían haber dado lugar a dicho estado emocional. Como te dijimos, las posibilidades son infinitas, no sólo con los colores, también con las emociones.

Esta resulta una buena ilustración para comprender las propias emociones. Cuando tu peque se encuentre inmerso en una emoción compleja, tendrá más recursos para entender qué es lo que está pasando y por qué se ha dado esa complejidad.

Hábito 37

Reduce su decepción
por expectativas muy altas

Una característica, que ya hemos mencionado anteriormente, propia de las PAS, es la de las altas expectativas. Nuestro alto grado de perfeccionismo no nos permite conformarnos con un nivel medio de desempeño, siempre queremos hacerlo mejor y dar más de nosotras. Pero, evidentemente, no todo siempre sale a la perfección, y por lo general nos damos de bruces con una realidad no tan perfecta como la que esperábamos. Esto nos provoca, frecuentemente, una sensación de decepción con la que es difícil lidiar.

Posiblemente has observado esta decepción, característica del sentimiento de fracaso por expectativas muy altas, en tu NAS. Quizás haya estado esperando algo con gran intensidad, haciéndose una idea muy exacta de cómo será el resultado, pero, al llegar el momento, la realidad no era exactamente como esperaba, y esto ha provocado una profunda tristeza en él, difícil de manejar. Si esto es algo en lo que ves reflejado a tu peque, tal vez quieras comenzar a trabajar este hábito.

La siguiente actividad, *Cuentos con final feliz*, está pensada para que tu peque reflexione sobre las expectativas y la decepción desde una perspectiva ajena. Esto le ayudará a normalizar la decepción, a buscar formas para lidiar con ella y a reconocer el problema de las altas expectativas.

> **Las altas expectativas pueden ser una forma de vivir en la irrealidad.**

Cuentos con final feliz

El sentimiento de fracaso o decepción es habitual en los NAS. Con esta actividad tu peque aprenderá que hay formas de lidiar con la decepción y será más consciente de la realidad.

1. En esta actividad, le presentarás el título de una historia que desarrollaréis juntos. Sin embargo, además del título, hay un elemento que debe estar presente: la idea de que las cosas no salen como el protagonista esperaba. Explícale que trabajaréis juntos inventando un cuento, uno de los dos deberá escribirlo en un papel.

2. Inicia con un título ofrecido por ti, por ejemplo: «El hipopótamo que se convirtió en músico». Escribid presentando la historia del hipopótamo y cómo llegó a convertirse en músico. Una vez escrita la primera parte, será el momento de descubrir el elemento a introducir: a nadie le interesaba la música del hipopótamo. Desarrollad qué pasó entonces y cómo se sintió el hipopótamo. Deja que tu peque tome la iniciativa en esta descripción emocional.

3. Llega el momento de escribir el final de la historia. Buscar juntos una forma de resolver la situación para que el hipopótamo pueda sentirse mejor y sea un cuento con final feliz. Deja que él proponga ideas, pero ayúdale si no le resulta tan sencillo.

Y así es como la decepción se convierte en un final feliz.

Trabajando *Cuentos con final feliz* en forma de hábito

Esta puede ser una actividad que tu NAS disfrute especialmente. Recuerda que es un niño creativo y que inventar le resulta motivador. La idea es que trabaje muchas historias diferentes para exponerle a muchas posibles situaciones y que entienda el denominador común de todas ellas. Además, a medida que trabaja diferentes historias, tendrá que lidiar con las emociones de decepción de los personajes, buscando formas de calmar esa decepción, lo cual será una práctica muy útil para gestionar su propia decepción. A medida que continúe trabajando la actividad, irá poco a poco entendiendo y asumiendo el peligro que suponen las altas expectativas, pero adquirirá también recursos para lidiar con la decepción.

Si necesitas algunas ideas de posibles títulos, puedes comenzar utilizando estos: «La gallina coja que quiso convertirse en bailarina» (pero que se caía constantemente); «El león inicia su programa de radio» (pero tartamudea frente al micrófono); «El ratoncito cocinero» (a quien se le olvida siempre echar sal); «El viaje de doña Jirafa» (y la bicicleta rota).

Trata de adaptar la actividad a los intereses de tu peque. Si le gusta dibujar, seguramente disfrutará haciendo un dibujo del cuento. ¿Qué le parecería a tu peque escribir un libro de cuentos con final feliz? Tal vez podría hacer después algunas copias para regalar.

Hábito 38

Pon la culpa en su lugar

Las PAS tenemos cierta tendencia a castigarnos con el sentimiento de culpa. En ocasiones, ese castigo puede prolongarse e intensificarse incluso traspasando los límites de lo sano. El sentimiento de culpa, como cualquier otra emoción no es negativo en sí, nos ayuda a rectificar cuando lo necesitamos. Sin embargo, sí puede convertirse en algo dañino cuando lo potenciamos e incrementamos en exceso. Las PAS, por lo general, tendemos a hacer eso con facilidad.

Si has observado que tu NAS carga con un sentimiento de culpa que le incapacita o, lejos de ayudarle a rectificar y cambiar comportamientos inadecuados, le hunde y pone en él una carga pesada con la que le resulta difícil avanzar, tal vez sea adecuado trabajar este exceso de culpabilidad. No olvides que cierto grado de responsabilidad es adecuado, pero estamos hablando de niños que se culpan por pequeños errores y que magnifican sus faltas castigándose emocionalmente, quedando paralizados y abrumados por esa emoción.

Te presentamos *¡Adiós!,* un pequeño ejercicio pensado para dedicar un tiempo a observar la emoción, dedicar un espacio al sentimiento de lo es, reflexionar sobre qué puede y no puede hacer, y por último, dejarlo partir. Queremos que la culpa, como emoción, tenga su propio espacio, pero no que se lo robe al que les corresponde a otras emociones, ni que permanezca en el tiempo o se intensifique en exceso eliminando su potencial.

> **La culpa debe ser un aliciente para mejorar
> una acción, no un castigo en el que permanecer.**

¡Adiós!

Con esta actividad, tu peque aprenderá a asumir las consecuencias reales de su error y desprenderse del sentimiento de culpa cuando se vuelve dañino.

1. Tendrás que poner en marcha esta actividad cuando observes a tu peque culpabilizándose por un error o falta de una forma desproporcionada o excesivamente mantenida en el tiempo. Busca un momento tranquilo y siéntate con él.

2. Hablad sobre lo que siente. Pídele que te cuente cuál es ese error que ha cometido o aquello por lo que se siente de ese modo. No minimices sus emociones, simplemente escúchale y ayúdale a verbalizar. Deja que exprese cuál ha sido su falta, cómo cree que debería haber actuado, cuáles están siendo las consecuencias, cómo puede solucionar la situación (si es posible). A continuación, toma una hoja en blanco o una tarjeta. Pídele que escriba una carta o realice un dibujo expresando cómo se siente.

3. Cuando termine, dale un sobre para que introduzca su hoja. Pídele que cierre el sobre. A continuación, destruid el sobre. Podéis quemarlo en la chimenea, destruirlo en una trituradora de papel o simplemente romperlo y tirarlo a la basura. Explícale que la culpa nos ayuda a pensar en nuestra responsabilidad, pero que, una vez que hemos reflexionado en ello, debemos dejarla ir, ya ha cumplido su función.

Así, tu peque habrá dicho adiós al sentimiento de culpa y podrá centrarse en otras cosas.

Trabajando *¡Adiós!* en forma de hábito

Lo que pretendemos con esta actividad es que tu peque sea capaz de dar a la culpa el lugar que le corresponde, sin que llegue a convertirse en una carga pesada que le impide funcionar correctamente. No queremos negar la emoción en sí, sino reconocerla y analizar qué mensaje trae, dejándola después ir. Es por ello por lo que es importante que este ejercicio sea realizado cada vez que observes que tu peque está abrumado por un sentimiento de culpa.

Al principio, necesitarás acompañarle y estar con él durante todo el proceso. Anímale a expresarse, permanece a su lado mientras escriba o dibuje su carta u cuando se desprenda de ella. Poco a poco, la actividad podrá convertirse en un ejercicio un poco más autónomo. Bastará con animarle a escribir y deshacerse de su carta de culpa para que él mismo se dedique a ello personalmente. Se trata de un ejercicio de reflexión que puede hacer solito si sabe cómo hacerlo.

Poco a poco, con el paso del tiempo, una vez interiorizada la actividad, verás que el hábito se va integrando y dejará de ser imprescindible que tu peque realice su carta y la destruya. Será capaz de ser consciente de su sentimiento y podrá reflexionar en él sin que sea necesario expresarlo en un papel. También podrá desvincularse de ese sentimiento y dejarlo pasar más fácilmente. Pero no te apresures, deja que siga realizando las cartas y destruyéndolas mientras sea necesario.

Hábito 39

Apóyale en el desarrollo de la resiliencia ante los desafíos

Sabemos que el rasgo de la alta sensibilidad trae consigo tanto luces como sombras. Es por ello por lo que los NAS pueden alcanzar una profunda comprensión de las emociones e, incluso, beneficiarse de ellas. Pero también es cierto que tienden más al bloqueo emocional y a la saturación por la experimentación de emociones de cierta intensidad o cuya existencia les resulta confusa. Por esta razón, la resiliencia es un elemento que puede desarrollarse y aportar un gran beneficio a los NAS.

Definimos la resiliencia como la capacidad que nos permite hacer frente a situaciones difíciles y salir fortalecidos. Las personas resilientes se adaptan a la adversidad con mayor facilidad, lo que les permite reponerse e, incluso, utilizar el dolor, la pérdida y el cambio como potenciales positivos de forma asertiva.

Este es uno de esos hábitos de los que cualquier NAS puede beneficiarse. Son varios los frentes desde los que se puede trabajar para el fomento de la resiliencia, algunos ya presentados como los Hábitos 11, 13, 17, 21 o 26, pueden contribuir también al desarrollo de la resiliencia. En esta ocasión, te presentamos un ejercicio que pretende potenciar las características personales que ayudan a la superación y el afrontamiento de situaciones difíciles mediante la memoria personal. Se trata de un ejercicio de reconocimiento de las herramientas personales de que disponemos para fortalecerlas.

> **La resiliencia nos ayuda a convertir el dolor en aprendizaje.**

La caja de herramientas de la resiliencia

Con este ejercicio queremos fortalecer e impulsar esas herramientas de superación de que dispone tu peque.

1. Utilizaremos una caja de zapatos que tendremos que convertir en una caja de herramientas. Dedica un tiempo con él a decorarla y convertirla en lo más parecido posible a una caja para guardar herramientas de bricolaje.

2. Una vez la caja está lista, o bien mientras trabajáis en decorarla, explícale su función. Comienza hablando de cómo todas las personas, a lo largo de la vida pasamos por cambios y momentos de mayor dificultad. Hacer frente a esos momentos depende de nuestra fortaleza y de las características personales que tenemos para ello. Esas son nuestras herramientas. Todas las personas tienen herramientas, y es importante conocer cuáles son las nuestras para usarlas cuando las necesitamos. Explica a tu peque que esta caja será su caja de herramientas.

3. A continuación, será necesario introducir las herramientas en su caja. Ayúdalo a hacer memoria, recordándole situaciones de su vida en las que hizo uso de alguna de esas herramientas, por ejemplo: «¿Te acuerdas cuando llegaste al cole nuevo? Conseguiste hacer amigos, ¿por qué crees que lo conseguiste?». «¿Te acuerdas cuando aprendiste a montar en bicicleta? ¿Qué fue lo que te ayudó?». Cada vez que mencione una característica personal que le ayudó a afrontar dificultades o cambios, pídele que la dibuje o escriba en un papel y la introduzca en la caja.

Poco a poco, la caja se irá llenando de herramientas, listas para ser usadas en el momento en el que se necesiten.

Trabajando *La caja de herramientas de la resiliencia* en forma de hábito

Como siempre, adapta la actividad a las preferencias de tu peque. Si en lugar de dibujar o escribir las herramientas en papel, crees que le resultará más motivador moldearlas en plastilina o pasta de sal para guardarlas en la caja, adelante con ello. Lo importante es que poco a poco el número de herramientas vaya creciendo y tu NAS sea consciente de sus propios recursos para hacer frente y superar las situaciones difíciles.

Cada vez que veas a tu peque hacer frente a una situación adversa o a algún cambio, por pequeño que te parezca, y que sepas que ha supuesto para él algún tipo de esfuerzo, saca la caja y anímale a buscar aquello de su persona que le ha ayudado a hacer frente a la dificultad. Si esa característica no está aún en la caja, anímale a añadirla. De esta forma, estaremos reforzando las características que le ayudan a ser resiliente. Reforzarlas es esencial para que sea más consciente de ellas y las utilice de forma más intencional. Eso es precisamente lo que queremos conseguir.

Siempre que tengas la oportunidad, anímalo a utilizar la caja en dos formas diferentes. En primer lugar, para identificar las herramientas utilizadas cada vez que tu peque ha hecho frente a una dificultad de forma satisfactoria. En segundo lugar, cuando se encuentre ante una dificultad o cambio que le esté costando afrontar, proponle que vaya a la caja de herramientas para buscar las que podrían ayudarle en esa situación. Recuérdale que, aunque en ese momento no lo perciba así, esas son herramientas que él tiene y que han resultado exitosas en otras ocasiones.

Hábito 40

Control de rabietas

Algunos niños presentan rabietas, es algo frecuente y normal para muchos. Cuando hablamos de los NAS, las rabietas no son una excepción, pero por lo general se trata de un tipo concreto de rabietas que surge de un bloqueo emocional. A estas alturas ya sabemos bien que las PAS experimentamos un grado de saturación que no se da tan fácilmente en otros sujetos con una sensibilidad media o baja. Cuando se trata de emociones, también puede darse una saturación emocional que puede llevar al bloqueo emocional. En los más pequeños, esto se traduce muchas veces como rabietas.

No debemos confundir las rabietas ocasionadas por saturación emocional con las que se originan por otro tipo de desencadenante, por ejemplo, el niño que quiere que su madre le compre un chocolate en la cola del súper y hace una rabieta para conseguirlo. Estamos hablando de una condición emocional, bastante propia de muchos NAS.

Tal vez has escuchado en múltiples ocasiones que la mejor forma de lidiar con una rabieta es la de ignorar o no prestar atención al niño durante el berrinche. En este caso, cuando el NAS se satura emocionalmente, puede que se produzca algo similar a una explosión emocional que se muestra en forma de rabieta. Lo más adecuado entonces no es ignorar, sino apoyar. Utilizaremos una técnica de contención con la que perseguimos el objetivo de tranquilizar y reducir la intensidad emocional para que nuestro peque recupere la calma y pueda tomar el control de sus emociones.

Si tu peque presenta rabietas, ya sea con más o menos frecuencia, originadas por esta saturación emocional, te presentamos un ejercicio para poner en práctica durante las mismas.

La contención emocional es un buen aliado para manejar las rabietas por saturación emocional.

La manta del afecto

Este es un ejercicio de contención para utilizar durante las rabietas ocasionadas por saturación emocional.

1. Se trata de una actividad para utilizar en el momento de la rabieta. Intenta mantener la calma, si estás en un lugar público o con mucho ruido (lo que posiblemente haya contribuido a la saturación emocional) y siempre que te sea posible, agarra firmemente a tu peque y llévalo a un lugar más tranquilo.

2. Háblale con suavidad, no muestres enfado, sino apoyo, pero en un tono en el que sea capaz de escucharte y dile: «Tranquilo, estoy aquí. Todo va a estar bien, voy a abrazarte para que te sientas mejor». Abrázale con fuerza. Mantente así unos instantes, abrazándole, sin moverte y presionando su cuerpo con fuerza, pero con cuidado. Poco a poco, irá tranquilizándose.

3. Cuando lo sientas más calmado y creas que es capaz de escucharte, explícale que eres como una manta, que le arropa y le protege y que puede sentirse tranquilo y cómodo dentro de ella. Quédate así, abrazándole hasta que se tranquilice del todo y podáis hablar de lo que ha ocurrido. Mantente muy comprensivo en todo momento, afirmando sus emociones, pero sin aprobar posibles comportamientos incorrectos. Después, será el momento de hablar de ellos.

Una vez que la rabieta haya pasado, podréis hablar calmadamente de lo ocurrido y qué lo ha desencadenado.

Trabajando *La manta del afecto* en forma de hábito

Utiliza *La manta de afecto* cada vez que aparezca una rabieta. La primera vez, tendrás que explicarle que eres una manta y que vienes a arroparle y acompañarle durante su saturación emocional. Tened una conversación después de haber utilizado esta técnica. Pregúntale si le ayudó la manta, aunque fuera un poquito. Hablad de ello, deja que te cuente de qué forma le ayudó, qué fue lo que más le ayudó y lo que menos. Tendrás que averiguar qué otras cosas podrías hacer en ese momento para ayudarlo. A algunos NAS les calma que les den unos golpecitos en la espalda mientras les abrazan, a otros les ayuda que les balanceen ligeramente. Tal vez tu peque quiera escucharte cantar una canción conocida, e incluso hasta puede que se anime a cantar contigo. Es cuestión de hablar con él e ir probando cosas diferentes para ver qué es lo que mejor funciona. Pero ten cuidado, esto no es algo que cualquier adulto puede hacer. Debe ser una persona con la que el peque se sienta muy a gusto, alguien cercano y de mucha confianza.

Pero, a medida que vamos creando el hábito, lo que pretenderemos no será únicamente controlar las rabietas, sino suprimir su aparición. El primer paso será prevenirlas, para que poco a poco vayan reduciendo su aparición. Dile a tu peque que, cuando lo crea necesario, puede pedirte la manta (es decir, que le abraces), porque sienta que sus emociones van a explotar y se va a producir una rabieta. Ayudarle a darse cuenta antes de que la rabieta se produzca resulta muy beneficioso. Si eso ocurre y es capaz de anticipar que va a producirse una rabieta y te pide ayuda, bríndasela inmediatamente, de la misma forma que si la rabieta se hubiera producido. Felicítale por ello y muéstrate muy feliz y orgulloso de que la haya podido anticipar y evitar. Poco a poco, las rabietas serán menos frecuentes e intensas.

Agradecimientos

Escribir un libro supone una importante cantidad de horas de trabajo en solitario. Pero estamos agradecidas por contar con tantas personas a nuestro alrededor que han contribuido de forma sustancial a estas páginas.

Gracias a nuestras familias y amigos por su apoyo incondicional. Más aún, y de una forma muy especial, estamos muy agradecidas a Sira y Pablo, nuestros grandes maestros del rasgo de la alta sensibilidad. Han sido para nosotras una inspiración y aliento para profundizar en este *don* que descubrimos en su día en ellos y también en nosotras.

Gracias a aquellos que nos asesoraron y guiaron. Gracias a Roger Domingo y su método MAPEA, por ayudarnos con su experiencia a alcanzar un final feliz. Estamos muy contentas de formar parte de la inspiradora comunidad de escritores que ha creado, en la que disfrutamos del apoyo mutuo.

Gracias al equipo de Ob Stare, en especial a Juli Peradejordi y Anna Mañas, por apostar por nuestro proyecto, por su saber hacer, su profesionalidad y su acompañamiento a lo largo de estos meses.

Gracias a los primeros lectores del manuscrito: Ana María Ramo, Daniel Muñoz, Luis Marián, Daniel Dorrego, Julia Jiménez y Mara Molina, que nos han ayudado a *pulir* el texto. Queremos reconocer sus aportaciones, su arduo trabajo y su esfuerzo por que este libro saliera a la luz tal y como lo vemos hoy.

A todos los que tenéis este libro en vuestras manos, gracias. Gracias por permitirnos inmiscuirnos dentro de vuestras vidas y de las de vuestros peques. Esperamos que estas palabras se transformen en acciones que os hagan crecer, mejorar, disfrutar…

Bibliografía de referencia

ARON, E. N.: *El don de la sensibilidad en la infancia.* Barcelona, Ediciones Obelisco, Barcelona, 2017.

ZEGERS DE BEIJL, K. Z.:. *Niños con alta sensibilidad: Cómo entenderlos y ayudarlos a transformar sus diferencias en fortalezas.* La Esfera de los Libros, Madrid, 2019.

Webs de interés

Web de AlmaPAS Madrid: www.almapasmadrid.es
Web de Elaine Aron: www.hsperson.com
Web Sensitive: www.sensitivethemovie.com
Web del Proyecto E-motion: www.highlysensitive.eu/es
Web dirigida por investigadores especializados en la sensibilidad en el procesamiento sensorial: www.sensitivityresearch.com
Web de la Asociación Slow People: www.slowpeople.org

Anexo

Formulario de plan de acción para la creación de un hábito de crianza consciente

A continuación, tienes un formulario que te ayudará a poner en práctica algunos de los hábitos que hemos compartido contigo. Se trata de llevar a la vida cotidiana de tu peque aquellos hábitos que consideres más necesarios en su caso concreto.

Nombre del hábito

¿Qué vas a hacer concretamente para accionar este hábito?

¿Cuándo vas a hacerlo? Indica fecha de comienzo, periodicidad, etc.

¿Qué obstáculos podrías encontrar y cómo vas a superarlos?
Reflexionar sobre ellos te ayudará a que no te bloqueen cuando aparezcan porque ya tendrás una hoja de ruta pensada de antemano. Si consideras que estos obstáculos pueden venir de la resistencia de tu NAS, puedes incluir algún refuerzo positivo o premio para superarlo.

¿Con qué personas tienes que contar además de tu peque y tú?
Piensa en miembros de tu familia, profesores, cuidadores, etc. con los que contar para colaborar en la creación de este nuevo hábito. Así evitarás que otros saboteen tus esfuerzos por un cambio a mejor.

¿Cuál es tu grado de compromiso para llevar a cabo este hábito del 0 al 10?

Siendo 0 nada de compromiso y 10 el grado más alto. Te animamos a comprometerte con la creación de este hábito concreto. Una creencia potenciadora que ayuda mucho es la siguiente: *puedo hacerlo porque me comprometo*. Este compromiso nos impulsa cuando sentimos pereza, resistencias o desánimo.

Además, el sentido de importancia que comuniques a tu NAS con el compromiso de crear un nuevo hábito, le motivará a accionar, modelando tu determinación a conseguirlo con el tiempo. Te recordamos que construir un hábito es un proceso y no un suceso. Habrá altibajos normales en el camino, pero si perseveras, lo conseguirás.

Índice

Introducción 11

PRIMERA PARTE
Mamás de Sira y Pablo, nuestros hijos altamente sensibles 17
    Testimonio de Débora. Un regalo diferente 17
    Testimonio de Rosario. Un antes y un después 20
Peques altamente sensibles 27
    Definición de la alta sensibilidad 27
    Cómo saber si mi peque es altamente sensible 30
    Primera herramienta de valoración. Las cuatro características
    de la alta sensibilidad 32
    Segunda herramienta de valoración. Cuestionarios de evaluación 36
    Tercera herramienta de valoración. Entrevista profesional 37
    Tipologías de los NAS 37
Mi peque es altamente sensible. Y ahora, ¿qué? 41
    Criar a un NAS en la cultura occidental 41
    El desafío extra de criar a un varón altamente sensible 50
    Errores comunes en la crianza de los NAS 56
    Slow parenting para peques altamente sensibles 63
Cómo construir hábitos coherentes con su alta sensibilidad 73
    El poder de los hábitos en la crianza respetuosa 73
    Desarrollando hábitos en nuestros NAS 74
    Consejos para introducir los hábitos 76
    Revisar antiguos hábitos de crianza 77
    Obstáculos en la construcción de hábitos 82
    Tu plan de acción para crear nuevos hábitos de crianza 84

SEGUNDA PARTE

Bloque 1. Hábitos de autocuidado físico.

    Enséñale a escuchar el cuerpo que habita 87

    Hábito 1. Comer bien le ayudará a tener energía. 93

    Hábito 2. Dormir bien para reponer fuerzas 97

    Hábito 3. Pausas a lo largo del día 101

    Hábito 4. Un poco de ejercicio diario 105

    Hábito 5. Una agenda disfrutable 109

    Hábito 6. Estiramientos musculares 113

    Hábito 7. Estimulando los sentidos 117

    Hábito 8. La naturaleza al rescate. 121

    Hábito 9. La respiración relajante 125

    Hábito 10. Liberar tensión. 129

Bloque 2. Hábitos de autocuidado cognitivo.

    Anímale a que cuide su mente 133

    Hábito 11. Autoestima infantil: Se busca 139

    Hábito 12. Un diálogo interno constructivo 143

    Hábito 13. Fomenta la actitud positiva. 147

    Hábito 14. Gestión de cambios e incertidumbre 151

    Hábito 15. Aligerar la cabeza saturada. 155

    Hábito 16. La trampa de la parálisis por análisis. 159

    Hábito 17. El perfeccionismo y su lado oscuro 163

    Hábito 18. Creencias limitantes *versus* creencias potenciadoras 167

    Hábito 19. Estimula su torrente de creatividad. 171

    Hábito 20. Ayúdale a verbalizar ideas 175

Bloque 3. Hábitos de autocuidado social.

    Contribuye a que su vida social sea nutritiva 179

    Hábito 21. Las diferencias nos dan valor 185

    Hábito 22. Contra el bloqueo al sentirse observado. 189

    Hábito 23. Superar la timidez 193

    Hábito 24. Promoviendo la espontaneidad 197

    Hábito 25. Aprender a decir no. 201

    Hábito 26. El poder de la asertividad. 205

    Hábito 27. Resistir la manipulación 209

    Hábito 28. En busca de buenos amigos. 213

    Hábito 29. Empatía sí, pero no tóxica. 217

    Hábito 30. Contra el estrés en contextos sociales 221

Bloque 4. Hábitos de autocuidado emocional.
     Acompáñale en su gestión de emociones............................225

Hábito 31. Ampliando el repertorio emocional............................231

Hábito 32. Enséñale a identificar lo que siente............................235

Hábito 33. Aceptación de emociones..239

Hábito 34. El misterio de las emociones cambiantes 243

Hábito 35. Generar emociones de ayuda.................................247

Hábito 36. Combinación de emociones....................................251

Hábito 37. Reduce su decepción por expectativas muy altas..............255

Hábito 38. Pon la culpa en su lugar 259

Hábito 39. Apóyale en el desarrollo de la resiliencia ante los desafíos......263

Hábito 40. Control de rabietas 267

Agradecimientos...271

Bibliografía de referencia 273

Anexo. Formulario de plan de acción para la creación
    de un hábito de crianza consciente 275